Le MAL des MOTS

DENISE THÉRIAULT

LES EDITIONS DE
L'HOMME

Données de catalogage avant publication (Canada)

Thériault, Denise

  Le mal des mots

  Bibliogr.: p.

ISBN 2-7619-0782-5

  1. Lecture, Difficultés en. 2. Dyslexie. 3. Apprentissage,
Psychologie de l'. 4. Lecture — Enseignement correctif. I. Titre.

LB1525.76T53 1988   372.4'3   C88-096532-0

Bibliothèque nationale du Québec
Dépôt légal — 3ᵉ trimestre 1988

ISBN 2-7619-0782-5

Première partie

Est-il si simple d'apprendre à lire?

Introduction

Je me suis demandé, et on m'a demandé à plusieurs reprises, pourquoi j'écrivais ce livre. Bien sûr, il y avait ce désir de partager l'expérience acquise à travailler pendant quelque vingt-cinq années en éducation, dont quinze auprès d'enfants en difficulté d'apprentissage. Je sentais aussi qu'à ce stade de ma carrière j'avais pris position sur certaines questions en orthopédagogie et en éducation, j'avais adopté des orientations professionnelles bien définies et je pouvais maintenant les défendre avec assurance. Mais, plus que tout, je voulais outiller les parents qui doivent soutenir, sans nécessairement y être préparés, l'apprentissage de la lecture chez leurs enfants.

J'ai un «parti pris en faveur des parents». Ils sont, on commence à le reconnaître dans certains milieux, les intervenants naturels auprès de leur enfant, les premiers et ultimes responsables de son éducation. Dans notre ère de services dépersonnalisés, ils sont parfois le seul élément de continuité sur lequel l'enfant puisse s'appuyer pour poursuivre son cheminement et sa croissance. Et pourtant, les parents sont souvent les «grands oubliés» des discussions de cas et des rencontres multidisciplinaires où sont élaborés les plans d'intervention destinés à l'enfant. Quant à moi, je vois les parents comme des partenaires indispensables dans le cadre de mon intervention auprès de l'enfant. C'est ainsi que, par le passé, j'ai souvent cherché une documentation adéquate qui puisse compléter les discussions que j'avais avec eux sur le vécu scolaire de leur enfant. J'ai pu constater, la plupart du temps, que très peu de littérature était disponible pour le parent francophone vivant au Québec désireux de comprendre ce qui arrive à son enfant «lecteur» ou «non-lecteur». Ou qui veut tout simplement «s'y retrouver» dans le contexte scolaire d'aujourd'hui.

Au cours des dernières années, on l'a maintes fois répété, le «monde de l'éducation au Québec» s'est trouvé en perpétuelle transformation. Dans ce contexte se sont dessinés plusieurs courants d'idées plus ou moins bien enracinés. Ce que je me propose de présenter dans les pages qui suivent, c'est le résultat d'une quinzaine d'années d'observation et d'expérimentation quasi quotidiennes de certaines théories d'orthopédagogie. Elles ne sont pas nécessairement la réponse à toutes vos interrogations, mais elles ont le mérite d'avoir été vérifiées dans le cadre d'une pratique continue et analysée. Je crois fermement à ces théories parce qu'elles ont porté fruit; beaucoup d'enfants pourraient en témoigner. Pour ma part, je trouve rassurant de pouvoir appuyer mon action professionnelle sur des schèmes bien délimités qui ont fait leurs preuves.

Comme orthopédagogue, j'ai suivi jusqu'ici un cheminement un peu particulier. D'abord de par ma formation académique qui puise tant à l'école de pensée américaine qu'à l'école européenne (d'expression française). Puis de par mon expérience professionnelle qui s'est développée en milieu scolaire comme en milieu hospitalier. C'est ainsi, par exemple, que les défis quasi quotidiens rencontrés pendant sept ans au département de psychologie de l'Hôpital de Montréal pour enfants m'ont permis non seulement de raffiner ma compétence de rééducatrice, mais ils m'ont de plus amenée à avoir une vision plus holistique de l'enfant en difficulté d'apprentissage. Cet enfant ne vient pas à nous seulement avec ses problèmes académiques. Il nous arrive aussi avec toutes ses émotions, ses désirs, ses espoirs, ses attentes, ses «autres» ressources, ses «autres» habiletés, etc.

Il est non seulement un écolier*, mais il est aussi le fils de quelqu'un, le frère de quelqu'un. Il est le voisin, l'ami, le petit-fils de quelqu'un d'autre. Il est peut-être aussi louveteau, skieur, collectionneur de timbres, etc. Il vit dans telle rue, dans tel milieu où il y a toutes sortes de problèmes et de tensions. En un mot, il n'a pas que des problèmes de lecture. J'ai appris, en travaillant en équipe multidisciplinaire à l'hôpital, à tenir compte de façon constructive, en évaluation comme en rééducation, de tous ces autres «plus et moins» qui font que cet enfant est différent de tous les autres que j'ai déjà vus ou que je verrai à l'avenir.

Au début de ma carrière, j'ai travaillé en classe régulière. Après deux maternités, j'ai dû réintégrer le marché du travail au début des années où l'on notait un surplus de personnel dans le domaine de l'enseignement. J'ai été, plusieurs années durant, «la dernière arrivée, la première à partir». J'ai eu de la chance (et je le dis sans ironie aucune): chaque fois qu'un poste était aboli, je le perdais, ce qui m'a permis d'enseigner de la maternelle à la septième

---

* Toutes mes excuses à mes consoeurs féministes! Je n'ai pas l'intention de féminiser tous les mots masculins utilisés dans ce livre. Ci-après, on devra donc considérer le masculin comme s'appliquant tout autant aux femmes qu'aux hommes.

année (elle existait encore à l'époque). Aujourd'hui c'est une expérience que j'apprécie comme une précieuse contribution à mon perfectionnement professionnel. J'ai ainsi pu travailler dans le cadre du programme d'enseignement qui était alors en vigueur à tous les niveaux et dans toutes les matières et observer ainsi concrètement les différents stades de développement de l'enfant. J'ai appris à m'adapter rapidement à de nouvelles situations d'enseignement et à un matériel constamment renouvelé. C'est pendant toutes ces années où j'étais enseignante «commis-voyageur» que j'ai commencé à remarquer, dans toutes ces classes régulières, le nombre effarant d'enfants intelligents qui n'arrivaient jamais tout à fait au succès qu'aurait dû pourtant leur permettre leur potentiel. J'ai alors fait le grand saut en orthopédagogie!

L'Université McGill offrait alors un programme de formation en *special education** qui convenait mieux à mes disponibilités et à mes attentes que celui des universités francophones. J'allais m'initier à la recherche américaine en éducation, en psychologie et en neuropsychologie. Et cela allait me plaire! J'ai en effet vite découvert et apprécié le souci de l'efficacité, de la faisabilité et de la rentabilité de l'intervention qu'ont les gens du milieu anglophone. J'envie toujours la précision et la simplicité d'utilisation des instruments de travail qu'ils se donnent pour évaluer et traiter les difficultés d'apprentissage. C'est aussi en m'intéressant à la recherche américaine en neuropsychologie que j'ai un peu mieux compris comment fonctionne ce cerveau qui nous permet, entre autres choses, de lire, d'écrire et de compter.

---

* Pendant que nous, francophones, avec notre traditionnel «mal des mots», nous appelions «enfance inadaptée» (quelle horrible expression!), puis «inadaptation scolaire» ce qui s'appelle aujourd'hui «orthopédagogie», les anglophones, eux, parlaient simplement de *special education*!

Pendant mon stage au centre d'apprentissage de l'Université McGill/Hôpital de Montréal pour enfants, j'allais rencontrer Raymonde Doyle, une des très rares véritables spécialistes, au Québec, en rééducation des enfants qui éprouvent des difficultés à apprendre à lire. Sous sa direction, j'allais m'initier aux théories et aux méthodes de Mme Borel-Maisonny, mais surtout apprendre à organiser une rééducation de façon systématique et rigoureuse. Aujourd'hui encore, après dix années d'expérience quotidienne avec la méthode de Mme Borel-Maisonny, je ne cesse de m'émerveiller de son efficacité et de sa pertinence. C'est, pour moi, un instrument de travail privilégié auprès d'un bon nombre d'enfants sévèrement entravés dans leur apprentissage de la lecture. Instrument privilégié qui n'exclut pas pour autant le recours à d'autres outils de travail au besoin. C'est là tout l'art d'un bon orthopédagogue: avoir plusieurs cordes à son arc!

Si, dans le domaine de l'éducation, on remet aujourd'hui en question plusieurs de nos théories, pratiques et politiques, il en va de même dans le domaine de l'orthopédagogie. À tel point qu'on se demande en divers milieux ce qu'est réellement l'orthopédagogie. Il m'a été très pénible récemment (fin 1987) de découvrir qu'au ministère de l'Éducation du Québec on ne trouve aucune définition formelle du terme «orthopédagogue». Comment est-ce possible? Depuis plus de quinze ans, au Québec, on parle *quotidiennement* des orthopédagogues en milieu scolaire, on envoie des enfants à l'orthopédagogue. Mais nulle part dans la très volumineuse paperasse du M.É.Q. on ne peut trouver une définition du mot «orthopédagogue»! Qu'à cela ne tienne! Je n'ai pas attendu que le M.É.Q. «me définisse» pour préciser ma propre conception de l'orthopédagogie et celle du rôle de l'orthopédagogue! Retournons aux bonnes vieilles racines grecques. *Orthos,* en grec, veut dire «droit» et *paidagôgia,* «science de l'éducation, de l'instruction».

On connaît bien les termes orthopédiste, orthophoniste, orthodontiste, etc. Que font ces «ortho-quelque chose» sinon *redresser* ce qui s'est mal développé, s'est déformé, a pris un mauvais penchant, qu'il s'agisse des os, du langage ou des dents entre autres choses? L'orthopédagogue, si l'on suit cette ligne de pensée, a donc pour mandat de *redresser un acte pédagogique qui n'a pas, dans un premier temps, atteint son objectif.* Pour moi, l'orthopédagogue est donc un spécialiste de la pédagogie qui a développé une habileté et une compétence particulières lui permettant d'atteindre, avec un enfant en difficulté, des objectifs d'apprentissage académique normalement inaccessibles à cet enfant en classe régulière avec les moyens (méthodologie, matériel, rythme, etc.) qui y sont habituellement utilisés. L'orthopédagogue devrait donc être en mesure de reconnaître le potentiel d'apprentissage réel de l'enfant, de découvrir les obstacles qui en entravent le plein développement et de prescrire les mesures susceptibles d'amener cet enfant à connaître le succès scolaire que laisse espérer son potentiel. Je parle ici de «rééducation», c'est-à-dire d'une démarche qui consiste à refaire l'éducation de certaines habiletés ou fonctions lésées ou déficientes et non de «récupération», où l'on tente plutôt de reprendre certaines explications ou exercices pour consolider des notions mal assimilées. L'orthopédagogue travaille, à tout le moins *devrait* travailler, à partir des habiletés à développer chez l'enfant et non à partir des contenus de programmes à transmettre.

C'est dans cette optique que ce livre a été conçu; j'attache beaucoup d'importance aux habiletés et aux processus qui sous-tendent l'apprentissage de la lecture. Il m'apparaît qu'on comprendra mieux ainsi le pourquoi de certaines difficultés de lecture et que l'on saura mieux quelle intervention préconiser.

Même si ce livre a été conçu pour répondre aux

besoins des parents, je suis persuadée qu'un grand nombre de professionnels de l'éducation (enseignants, orthopédagogues, psychologues, psycho-éducateurs, conseillers pédagogiques, etc.) y trouveront quelque profit et, pourquoi pas, quelques idées susceptibles d'amorcer une nouvelle réflexion. L'occasion d'ouvrir ou de poursuivre un certain dialogue avec les parents des enfants qui leur sont confiés? Peut-être aussi le prétexte à me clouer au pilori! Qui sait?

Je ne prétends d'aucune façon faire ici le tour de la question complexe de l'apprentissage de la lecture. Il s'agit tout au plus d'une exploration de la question qui, je le souhaite, apaisera certaines inquiétudes.

Ma pratique professionnelle m'a donné de très nombreuses occasions d'être témoin des inquiétudes des parents, de sentir qu'elles sont très vives et très lourdes. Ces inquiétudes peuvent être passagères: certaines difficultés de lecture disparaîtront en quelques mois, pour peu qu'on applique le bon remède, au bon moment et de la bonne manière. D'autres problèmes, toutefois, demanderont infiniment plus de patience, de temps et d'énergie. Passagères ou non, profondes ou non, ces inquiétudes apparaissent dès que l'apprentissage d'un enfant ne se déroule pas «comme prévu». C'est souvent, selon mon expérience, le parent qui, le premier, décèle les signes d'un apprentissage plus ou moins harmonieux de la lecture. Hélas! ce parent hésite souvent à faire confiance à son intuition. Il ne sait trop comment formuler ses appréhensions. Il ne sait trop comment elles seraient reçues s'il parvenait à le faire. Il ne sait trop comment «se justifier». Ce n'est, la plupart du temps, que devant un réel désastre qu'il se décide à intervenir et, à ce point, tout devient plus difficile.

Dans les chapitres qui suivent, je tenterai, sans verser dans le jargon spécialisé, de clarifier certains concepts relatifs aux mécanismes de lecture, d'illustrer certains problèmes, de présenter quelques moyens d'action concrets accessibles aux parents et ainsi, je l'espère, d'éviter des «grincements de dents». Peut-être même d'éveiller un certain «plaisir» attaché à la lecture! Je le souhaite en tout cas.

Auparavant faisons connaissance avec quatre de mes «amis» en difficulté de lecture qui ont plusieurs fois grincé des dents, comme leurs parents d'ailleurs...

Chapitre premier

Témoignages

«Toi, tu peux pas savoir comment on se sent quand on est le seul «cave» qui sait pas lire. Quand on a l'air «poche» et qu'on sait qu'on l'est pas. Quand on est obligé de prendre «la même chose» que l'autre en avant, à la cafétéria, parce qu'on peut pas lire le menu affiché. Tu peux pas savoir le nombre de fois où je me suis demandé pourquoi mon père, ma mère et ma soeur étaient intelligents et pas moi.»

L'histoire de Mario

Mario est assis dans mon bureau. Il exprime une partie, une bien infime partie de sa colère, de sa rage. Il a 16 ans. Il sait lire… maintenant. Mais il y a mis le prix. «Comment ça se fait que mes profs m'ont laissé passer, année après année, même si je savais pas lire? Ils disaient à mes parents que j'étais un *late-bloomer*, que ça finirait bien par «débloquer». Et entre-temps, ils faisaient rien pour comprendre ce qui m'arrivait.

Pendant cinq ans, ils m'ont fait ça! Comment ça peut arriver, ça?

«Je me souviens de ma première année. Les autres avançaient, avançaient, et moi, j'étais toujours à la queue. C'est simple: en première année, j'ai lu un seul mot dans toute l'année. Un seul, lu pour vrai. Le reste du temps, comme j'étais loin dans l'ordre alphabétique ou loin en arrière de la classe, je mémorisais ce que les autres lisaient et, quand arrivait mon tour, je récitais, à peu de choses près, ce que j'avais mémorisé. Les autres lisaient pour vrai, eux, mais moi je savais que je lisais pas vraiment. La plupart du temps, la prof s'en apercevait même pas... ou voulait pas s'en apercevoir. Et quand elle s'en apercevait, elle mettait les lettres que je ne savais pas lire ou écrire sur des petits bouts de carton collés sur mon pupitre. Il est venu un temps où je n'avais plus de pupitre: j'avais juste des lettres. Mon pupitre était couvert de ces m... lettres que je ne savais pas lire, mais que les autres savaient lire, par exemple. Je ne pouvais plus me concentrer. Je ne voyais plus clair dans tout ça.

«Quand tu es supposé apprendre à lire à un enfant, ça n'a pas d'allure de le traiter comme ça! Ce qu'ils te font en première année, ça te reste pour la vie. Toutes tes années d'école en dépendent. À la maison, j'étais quelqu'un. À l'école, j'étais un nono. Si au moins ils avaient essayé de me valoriser là où j'étais bon! Par exemple, j'avais de bonnes idées. J'avais de l'imagination. Je pouvais inventer des tas d'histoires. À la condition de ne pas avoir à les écrire ou à les lire! Mais non! Comme je ne lisais pas, ils en ont conclu que j'étais nono. Ils ont en tout cas laissé les autres enfants me prendre pour un nono.

Les profs entendent donc pas quand on leur crie?
«Ils ne se rendaient pas compte à quel point je voulais lire? Dans ma famille, on valorisait la lecture. Tout le monde lisait et lisait beaucoup. Le livre, c'était

18

important chez nous. À Noël, on se donnait des livres en cadeaux. Je regardais les images et je m'inventais des histoires. Je vivais dans mon monde. Mais un jour une de mes tantes m'a donné un livre sans images. J'étais pris! Je ne pouvais plus inventer! Les autres enfants de mon âge, dans la famille, pouvaient lire, mais pas moi. J'étais révolté. Une fois de plus, je me demandais si je n'étais pas nono après tout. Là, j'étais en marge dans ma famille en plus de l'être à l'école. Je voulais tellement être comme tout le monde. Mes profs ne se demandaient pas comment il se faisait que je pouvais apprendre un tas d'autres choses, mais pas la lecture? Ils n'ont jamais essayé de comprendre pourquoi je ne pouvais retenir d'une journée à l'autre que telle forme se lit «p», que telle autre se lit «a» et qu'ensemble, elles font «pa».

«La première fois que j'ai lu un vrai mot tout seul, pour vrai, sans aucune aide, personne à côté de moi, j'étais en troisième année. C'était POMME. Je travaillais avec mon m… cahier orange. Sur la page, il y avait un homme avec un arbre. Tout à coup, je m'en souviens très clairement, j'ai réalisé que je connaissais toutes ces lettres-là et que je pouvais les mettre ensemble pour faire un mot. POMME! Là, je le répétais, et répétais, comme si j'avais eu peur que ça ne m'arrive plus. J'ai passé la journée à dire POMME dans ma tête et à voir le mot dans ma tête. Là, je voulais lire de plus en plus, sans hésitation, *comme les autres*!

«En cinquième année, j'ai enfin eu une prof qui a compris que quelque chose ne tournait pas rond. Elle a décidé de prendre le taureau par les cornes. Elle m'a «entrepris», comme on dit. J'ai pris un an avec elle juste pour reconnaître mes lettres, les mettre ensemble pour faire des syllabes, puis des mots. Un an! Elle cachait une partie de la page pour que j'en voie moins à la fois. J'ai cessé de m'affoler devant les lettres. Je pouvais reconnaître mes lettres de plus en plus vite et en faire des sons. Mais je ne comprenais toujours strictement rien à ce que je lisais. L'année suivante, quelle chance! J'avais, pour la deuxième année de suite, un prof qui comprenait! Qui acceptait de me prendre où j'en étais! Lui, il a entrepris de me faire découvrir le sens de ce que je lisais. On a commencé avec juste une phrase à la fois, puis un très court paragraphe. Il m'a convaincu d'arrêter de chercher à lire aussi vite et autant que les autres. Il me laissait suivre mon texte avec une règle ou avec mon doigt. Tu te rends compte? En sixième année, suivre mon texte avec une règle! Encore presque un an a passé et j'ai pu enfin lire pour vrai tout un livre d'histoire et comprendre ce que je lisais. Je m'en souviens encore. C'était en gros caractères. Il y avait un petit gars, un tambour, un chien et des châteaux. Pour la première fois, je réalisais que le texte était plus important que les images. Je l'ai encore, ce livre-là. Ce n'était pas comme les histoires que j'inventais jusque-là avec les images. C'était mieux! J'ai pris toute une semaine pour le lire, ce premier livre et, pourtant, aujourd'hui, je sais qu'il était très facile. Lire comme ça, c'était une vraie révélation pour moi. Aujourd'hui, moi, j'apprécie la lecture. Des fois, je me demande si les autres savent la chance qu'ils ont d'avoir appris à lire «normalement». Tu peux pas comprendre ce que je ressens quand j'ouvre un livre et que je *peux* le lire. Encore aujourd'hui, j'y pense souvent.»

En fait, aujourd'hui, Mario a toujours le nez dans un livre. Il arrive à mon bureau, le matin, le journal du jour sous le bras. Il en a lu une bonne partie en chemin dans le métro, et il a compris le texte, s'est fait une opinion sur plusieurs faits d'actualité, peut en discuter, etc. Il est devenu un lecteur avide, curieux, intelligent qui discute mentalement avec l'auteur du texte qu'il lit. La longue et pénible démarche qu'il a dû faire pour apprendre à lire, il doit maintenant la faire pour apprendre à écrire.

L'histoire de François

«Mon fils de huit ans est en deuxième année. Dernièrement, le professeur nous a signalé que François ne suivait pas tout à fait le rythme du groupe en lecture et nous a suggéré un examen de la vue. Nous avons consulté un optométriste qui a diagnostiqué une dyslexie et prescrit une rééducation de la perception visuelle assez coûteuse. Nous voudrions une deuxième opinion avant de nous engager dans de telles dépenses.»

C'est en ces mots qu'au téléphone le père de François me présentait la situation de son fils. Une autre histoire assez familière à mes oreilles. On utilise si souvent les étiquettes à tort et à travers. La dyslexie ne peut être qu'un problème visuel! Et l'optométriste ne peut, à lui seul, poser un tel diagnostic! Nous reviendrons là-dessus... Pour le moment, voyons un peu ce qu'il en était de ce petit «dyslexique». Seul avec moi, dans mon bureau, François réussissait une lecture orale de deuxième année avec 76 p. 100 de succès. Où était donc le problème? En compréhension. Il pouvait lire des pages et des pages, mais il ne fallait pas poser trop de questions précises sur le sens du texte! Cet enfant intelligent et doué avait connu un départ difficile en lecture dès la première année. Né en août, il était le plus jeune de sa classe et n'avait peut-être pas la maturité voulue pour aborder la lecture. Maintenant en deuxième année, il n'avait pas encore saisi qu'un texte écrit doit avoir du sens. On avait l'impression que toute son énergie mentale passait à déchiffrer les mots et qu'il ne lui en restait plus assez pour réellement comprendre ce qu'il lisait. De là à conclure à la dyslexie, il y avait quand même une bonne marge.

Qu'est-il advenu de François? L'évaluation a permis d'identifier les sons qui restaient à consolider et le niveau réel de lecture que l'enfant pouvait attaquer sans perdre le sens du texte. Les parents sont retournés à l'école avec un plan d'intervention précis que l'orthopédagogue a mis en marche. On s'est donné la main, école-famille, et pour le reste de l'année beaucoup de temps et d'énergie furent investis pour aider François. On a tout d'abord simplifié le matériel de lecture qui correspondait pas mal au niveau réel de compréhension de l'enfant. En travaillant seul avec lui, l'éducateur, tant orthopédadogue que parent, pouvait alors scrupuleusement vérifier ce que François retenait vraiment de sa lecture, discuter avec lui, attirer son attention sur certains détails, soulever le doute dans son esprit quand sa réponse ne «collait» pas au texte, etc. On lui faisait régulièrement la lecture de textes intéressants, mais trop difficiles pour lui. Aux dernières nouvelles, François faisait des progrès et ses notes étaient tout à fait acceptables. Il n'avait plus besoin de l'orthopédagogue à l'école, mais travaillait encore beaucoup avec ses parents (les deux) à la maison et portait des lunettes! Car les parents avaient consulté un «autre» optométriste. Le prof avait eu du flair: François avait besoin de verres correcteurs!

L'histoire de Jean

Au téléphone, au premier contact, les parents de Jean se demandaient si leur fils n'était pas atteint d'«une forme quelconque de dyslexie» (lui aussi!). Il inverse ses «b» et ses «d». On est presque à Noël et, à part quelques mots ici et là sur ses feuilles de lecture à l'école, il ne lit strictement rien.»

À sept ans, en première année, après quatre mois d'apprentissage de la lecture, Jean, qui a pourtant tout pour réussir, ne lit toujours pas. Voilà, malheureusement, une situation qui est loin d'être unique.

Cet enfant paraissait aux yeux de tous, parents et professeurs, de toute évidence intelligent, curieux, avide d'apprendre. Il s'exprimait avec aisance, avec un vocabulaire riche et précis, plus développé que chez l'ensemble des enfants de son âge. Élevé dans un milieu d'adultes professionnels, il avait déjà beaucoup voyagé et vécu des expériences stimulantes. La maison était pourvue d'une très belle bibliothèque et, depuis belle lurette, maman et papa lisaient une histoire à Jean tous les soirs au coucher. L'enfant était entré à l'école avec, selon les mots de la mère, «une furieuse envie de lire».

Après une maternelle sans histoire, ses parents l'avaient vu aborder sa première année gonflé d'espoir: «Bientôt, tu n'auras plus besoin de me lire des histoires», disait-il. Quelques semaines plus tard cependant, il y avait des nuages dans ce beau ciel tout bleu au départ. Jean pouvait lire «la feuille de lecture de la semaine» sans problème, mais si on revenait sur celles des semaines passées, il avait oublié. Souvent il confondait aussi les mots qui commencent par la même syllabe: poule/poussin, bonjour/bonsoir, chemin/cheval, etc. Il lui arrivait aussi de lire «tout autre chose que ce qui était vraiment écrit, sans rapport aucun avec le texte réel».

Dans la classe de Jean, on n'avait pas de livre de lecture comme tel. Chaque semaine, sur un thème donné (ex.: l'automne, l'Halloween), on constituait une «banque de mots» à partir du vocabulaire des enfants et on étudiait un son en particulier dans ces mots. Semaine après semaine, ces feuilles de lecture étaient portées au cahier des enfants.

En situation d'évaluation, voici ce que faisait Jean:

bébé	il lit correctement, sans hésitation;
l'école	aucune tentative de lecture; il passe par-dessus, simplement;
pipe	il épelle: «p» avec «i» ça fait «pi»; «p» avec «e» ça fait «pe; ah! pipe»;
coq	il lit : «bon»;
ami	il lit: «mi»;
bonjour	«je n'ai pas appris ce mot-là»;
lapin	il lit: «Lape - tu sais? le chat fait ça»;
poule	«pas appris ça»;
marionnette	«citrouille ou peut-être Halloween?»;
cheval	il lit correctement;
promenade	«ah! là, je le sais: c'est Halloween».

Cette performance de lecture, qui peut paraître aberrante à certains, n'est pourtant pas un cas isolé. C'est une situation que j'ai souvent observée en orthopédagogie. Du moins depuis l'implantation du nouveau programme de français du ministère de l'Éducation. Certains enfants ne lisent pas: ils *photographient* des mots et essaient, avec plus ou moins de succès, de s'en souvenir. Mais vient également un point où ça ne peut plus continuer comme ça. Habitués à lire les mots globalement (on les leur présente ainsi d'ailleurs), ces enfants se fient à la première syllabe (ex.: lapin/lape) ou à la longueur du mot (ex.: marionnette/citrouille) pour lire ou plutôt essayer de lire.

En poursuivant plus en profondeur l'évaluation de Jean, on pouvait observer un fonctionnement et un développement tout à fait adéquats pour son âge à tout autre niveau. La question se posait alors: et si on enseignait différemment à cet enfant? Les parents avaient le temps, les moyens et la motivation nécessaires pour travailler eux-mêmes avec leur fils à la maison. Le matériel de l'école a été temporairement mis de côté. J'ai préparé, pour les parents, un programme plus adapté au style d'apprentissage de leur fils (méthode phonétique et non globale), des activités et jeux de lecture. De janvier au mois de septembre suivant, ils ont travaillé sans relâche, à tour de rôle, avec Jean. Et non seulement Jean a réussi sa première année, mais il poursuit actuellement son cours primaire sans autre problème.

L'histoire de Luc

Luc, je le connais bien. Depuis quatre ans, nous travaillons ensemble inlassablement. Avec, ici et là, quelques périodes de répit parce que ça va mieux. J'ai, à certains moments, presque l'impression de faire partie de la famille ou qu'il fait partie de la mienne.

Quand sa mère est venue me consulter pour la première fois, Luc venait de répéter sa première année et il ne lisait toujours pas. Étant donné qu'il s'agissait d'un enfant par ailleurs très intelligent, grandissant dans une famille stimulante et très présente à ses besoins, cette situation devenait très frustrante pour ses parents. Luc était suivi de près en neurologie parce que, très jeune, il avait fait une méningite et en avait gardé certaines séquelles, affectant surtout le contrôle moteur et la capacité de concentration. Mais il était fortement motivé à apprendre à lire. Étant le plus jeune de sa famille, il vivait entouré de parents, frères et soeurs qui avaient toujours «le nez dans les livres». Il avait un langage impeccable, avec un vocabulaire d'une richesse rare à cet âge. Il avait déjà beaucoup voyagé avec ses parents et avait tiré grand profit de ces expériences. Mais il ne lisait toujours pas après deux ans en première année!

En évaluation, il pouvait tout de même reconnaître ses lettres, lire quelques syllabes simples, déchiffrer quelques mots familiers (école, bonjour, maman, etc.), mais il ne pouvait en aucune façon lire de «mots nouveaux» (c'est-à-dire tout mot qu'il n'avait pas encore vu en classe). Quant à la lecture de petites phrases simples (ex.: Léon joue dans le parc), pas question! En jargon professionnel, c'est ce que nous appelons *a non reader*, un «non-lecteur», quelqu'un qui, à toutes fins pratiques, ne lit pas.

Cet été-là, lui et moi avons travaillé pendant tout le mois d'août à raison de deux heures par semaine en sessions individuelles; de plus, à la maison, nous faisions une révision quotidienne (10 minutes tout au plus) des sons étudiés en rééducation. Cela représentait un maximum de 8 heures de tutorat privé à la fin de l'été. Eh bien! cela a suffi pour faire disparaître les inversions et pour apprendre à lire «en un seul coup de voix» (non pas à la syllabe, mais au mot), dans n'importe quel contexte, 54 mots accompagnés d'un article et, souvent, d'un adjectif. Sans compter qu'en même temps, Luc apprenait à écrire ce qu'il savait lire. Pour un enfant qui, en deux ans, n'avait pas maîtrisé le quart du programme de lecture de première année, ce programme d'été tenait du miracle. Sauf que de «miracle» il n'y avait point. Il y avait par ailleurs méthode différente (phonétique et non globale), rythme d'apprentissage différent (non plus celui du groupe, mais le sien propre), répétition, renforcement positif (enfin du succès!). Septembre arrivé, comme il avait déjà répété sa première année, prêt ou pas, Luc devait passer en deuxième année. Les parents ont choisi de poursuivre l'aide individuelle privée et, six mois plus tard, Luc avait achevé son programme de première année et attaquait celui de deuxième où il accumulait évidemment beaucoup de retard, occupé qu'il était à régler ceux de la première année. Nous avons cheminé de cette façon pendant une autre année, incluant l'été. Luc a pu s'adapter au niveau de fonctionnement de son groupe scolaire vers le milieu de la troisième année. À ce moment, il pouvait lire et comprendre à peu près n'importe quel texte de troisième année avec un succès très convenable. Mais des difficultés de contrôle moteur et de concentration continuent à affecter sa performance écrite et l'organisation de son travail, et, comme elles sont liées à une condition neurologique irréversible, elles risquent d'entraver son fonctionnement encore longtemps. La réussite dépendra, pour réussir des ajustements que l'école permettra ou ne permettra pas, de la compréhension qu'offre ou n'offre pas le professeur. Chaque mois de septembre ramène la même angoisse! Si seulement, à l'école, on pouvait comprendre!

Et vous?

Vous avez choisi ce livre et vous avez peut-être reconnu dans l'un ou l'autre des témoignages précédents un enfant, si ce n'est le vôtre, qui vous tient à coeur et dont l'apprentissage de la lecture ne se déroule pas sans quelques grincements de dents.

Vous avez peut-être noté au passage que mes quatre amis en difficulté de lecture étaient tous des garçons. Cela signifie-t-il que les filles n'ont pas de problème de lecture? Oh! que non! Si j'avais voulu vous présenter des témoignages qui reflètent «statistiquement» la clientèle avec laquelle je travaille quotidiennement, il y aurait bien eu au moins un cas de fille sur ces quatre témoignages. Je n'ai jamais eu plus de 20 à 25 p. 100 de filles dans ma clientèle, tant en milieu scolaire et hospitalier qu'en pratique privée. Et ce, depuis de nombreuses années. C'est là une situation assez généralisée dans le milieu de l'orthopédagogie: on y trouve toujours beaucoup plus de garçons que de filles. À quoi cela tient-il? C'est une question qui a préoccupé plus d'un chercheur par le passé, mais à laquelle on n'a pas encore trouvé de réponse entièrement satisfaisante. On a bien parlé du fait que le petit garçon qui entre en première année à six ans a encore la tête beaucoup trop tournée vers ses jeux pour mettre le nez dans les livres, alors que la petite fille a, elle, envie de «jouer à l'école». Peut-être, mais comment prouve-t-on une telle proposition? On a mentionné que l'école, de façon générale, était trop «féminine» pour intéresser les garçons. Il est vrai qu'en majorité, le personnel enseignant de l'école élémentaire est formé de femmes, et que les sujets de lecture rejoignent plus les intérêts des filles que ceux des garçons. Ceux-ci «décrocheraient» alors dès le début? Comment savoir? Serait-ce alors parce que le petit garçon en difficulté devient vite un petit «faiseur de troubles» dans la classe (et on s'aperçoit plus vite de ses difficultés) alors que la petite fille, plus «calme», (longue vie aux stéréotypes!) n'attire pas autant l'attention? Je ne sais pas et je n'ai pas l'intention de résoudre toutes ces questions ici. Je veux simplement souligner qu'on rencontre des problèmes de lecture chez les filles comme chez les garçons, mais que, sans qu'on sache exactement pourquoi il en est ainsi, la proportion de garçons en difficulté est nettement plus forte.

Quant à moi, j'ai retenu ici l'histoire de ces quatre enfants parce que je juge que les difficultés de lecture qu'ils présentent couvrent assez bien, du moins dans les grandes lignes, l'éventail complet des problèmes de lecture que nous rencontrons en orthopédagogie. Il y a Mario, dyslexique véritable, qui représente ceux parmi nos enfants en difficulté de lecture qui ont le plus grand défi à relever. Il y a Jean qui, beaucoup plus que d'un problème d'apprentissage, souffre d'un problème d'enseignement. Il y a François qui, tout intelligent qu'il soit, pouvait lire des pages et des pages sans comprendre ce qu'il lisait. Et il y a Luc qui, touché sur le plan neurologique, nécessitera probablement toujours certaines mesures d'accommodement pour donner la pleine mesure de lui-même. Ces quatre enfants, qui sont encore à l'école, compensent leurs difficultés ou les ont tout simplement réglées parce que, derrière eux, ils avaient des parents qui refusaient d'accepter l'échec comme seule issue. Ces parents ont cherché dans et hors du système scolaire des solutions véritablement adaptées à leurs enfants et leur ont ainsi donné accès à un épanouissement personnel plus grand, plus juste. Ils avaient raison de chercher parce que, en l'absence d'un handicap physique ou intellectuel majeur, un enfant qui ne *peut* pas apprendre à lire, ça n'existe pratiquement pas (je ferai, plus tard, des nuances là-dessus pour certains cas de dyslexie). En quelque vingt-cinq années de carrière, je n'en ai rencontré qu'un seul!

Les parents de ces quatre enfants ont dû toutefois, pour choisir la voie d'action adéquate pour leur enfant, d'abord comprendre ce qui était en cause: la nature du problème et les diverses solutions possibles. Ici comme dans bien d'autres cas, pour comprendre ce qui ne va pas, il faut comprendre ce qui devrait se produire normalement. C'est ce que nous tenterons d'explorer dans le chapitre qui suit.

Chapitre 2

Apprendre à lire:
comment ça se passe?

Pour comprendre comment un enfant apprend à lire, il faut d'abord savoir ce que signifie le mot lire et en quoi consiste l'acte de lecture. En avoir au moins une idée. Il est évident que vous, monsieur ou madame qui commencez ce chapitre, vous savez lire. Mais vous souvenez-vous du temps où vous avez commencé à lire? Si tout s'est bien passé, il est fort probable que vous ne vous en souveniez guère. Si, par ailleurs, ce fut une expérience pénible et frustrante, vous en auriez sans doute long à dire. Peu importe toutefois que vous fassiez partie de l'un ou de l'autre groupe, il est assez peu probable que vous ayez, un jour, eu à comprendre le processus même de lecture, *ce qui se passe dans notre tête quand nous lisons.*

Ce n'est ni ma prétention ni mon intention de faire ici un savant exposé sur la question. Il me faut d'ailleurs une bonne dose de hardiesse pour vouloir tenter de résumer quelques données sur le sujet afin de permettre une meilleure compréhension de ce que votre enfant vit lorsqu'il apprend à lire. Des spécialistes beaucoup plus compétents que moi pourraient certainement y arriver avec un savoir-faire plus impressionnant que le mien. Et probablement que les «vrais grands» parmi eux seraient les premiers à confesser que nous ne connaissons encore que très peu de choses sur cette merveilleuse machine qu'est le cerveau humain, lequel rend possible l'acte de lecture. L'acte de lecture est un acte infiniment complexe qui met en branle, chaque fois que nous jetons les yeux sur une page d'écriture, tout un réseau d'activités cérébrales, chacune relevant de centres nerveux extrêmement spécialisés. L'efficacité de l'acte de lecture dépend non seulement du bon fonctionnement de chacun de ces centres nerveux, mais également de la qualité de communication qui s'établit entre les uns et les autres. De plus, toute cette activité subit l'influence de nos émotions, de nos humeurs, de notre condition physique, bref de toute notre personnalité!

Au fait, si je vous demandais à brûle-pourpoint ce que c'est que lire pour vous, que répondriez-vous? Il y aurait probablement autant de définitions qu'il y a de lecteurs. Comme il y en a autant qu'il y a d'enseignants, de psychologues, d'auteurs d'ouvrages sur le sujet ou de concepteurs de programmes officiels!

Le *Petit* Robert (édition 1977), pour ne citer qu'un seul dictionnaire, donne cinq définitions du mot «lire» au sens propre, et deux au sens figuré. Je n'en cite qu'une partie: «suivre des yeux en identifiant (des caractères, une écriture)... prendre connaissance du contenu (d'un texte)... énoncer à haute voix (un texte écrit) soit pour s'en pénétrer, soit pour en faire connaître à d'autres le contenu... déchiffrer (un système signifiant, un code)».

Le programme d'études primaires du ministère de l'Éducation du Québec, quant à lui, dit en page 22 que: «Lire est l'habileté à reconstruire partiellement ou intégralement le sens d'un texte en tenant compte de l'intention de lecture et du type de texte lu.» Et on poursuit en parlant d'«une activité perceptivo-visuelle et intellectuelle au cours de laquelle les informations graphiques d'un écrit sont traitées afin qu'on en reconstruise le sens». Avec une plus grande économie de mots, on pourrait dire:

**Lire, c'est décoder un message écrit
pour le comprendre.**

À première vue, c'est d'un simplisme renversant, mais si on y regarde de plus près, tout n'est pas si simple. Examinons ensemble ce qui se passe quand on lit.

Lecture et expérience concrète

Imaginons par exemple la situation où vous, lecteur, auriez sous les yeux une page sur laquelle figurent les lettres

a r b r e

Attention, vous allez plus vite que moi: vous sautez des étapes. Vous n'avez pas encore, à ce stade-ci où on ralentit délibérément le processus de lecture pour le comprendre, *lu* le mot «arbre». Des lettres sont apparues sous vos yeux que vous devez maintenant organiser d'une certaine façon dans votre tête.

Ces lettres, qui ne sont ni plus ni moins que des stimuli visuels frappant le système nerveux visuel, pénètrent dans votre oeil et, sautons quelques détails, vont s'imprimer sur la rétine, sorte d'écran qui tapisse le fond du globe oculaire. Le nerf optique va alors prendre la relève pour acheminer cette «information» vers divers centres nerveux du cerveau où ces lettres vont s'organiser d'une façon précise et ou leurs diverses formes seront identifiées et

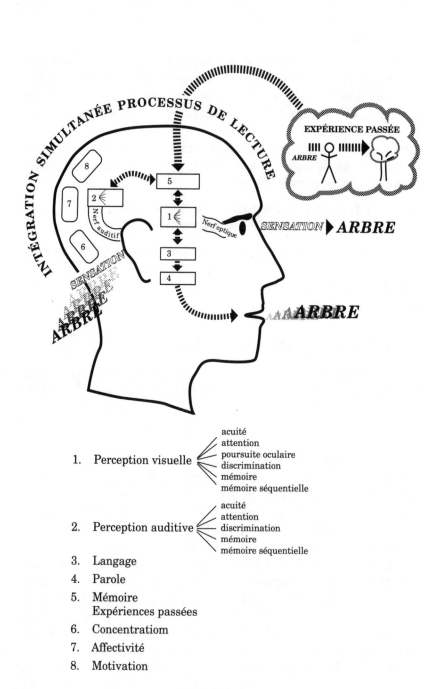

INTÉGRATION SIMULTANÉE PROCESSUS DE LECTURE

EXPÉRIENCE PASSÉE

ARBRE

Nerf auditif

Nerf optique

SENSATION ▶ ARBRE

SENSATION ARBRE

ARBRE

1. Perception visuelle
- acuité
- attention
- poursuite oculaire
- discrimination
- mémoire
- mémoire séquentielle

2. Perception auditive
- acuité
- attention
- discrimination
- mémoire
- mémoire séquentielle

3. Langage

4. Parole

5. Mémoire
   Expériences passées

6. Concentratiom

7. Affectivité

8. Motivation

reconnues. Votre petit «ordinateur personnel», sans même vous en demander la permission, va se mettre en communication avec des centres de relais d'informations où des stimulations passées ont été emmagasinées en «mémoire». C'est ainsi que votre cerveau va prendre conscience que ces lettres ont un nom précis, qu'elles sont aussi associées à des sons précis, qu'elles sont ici assemblées non pas au hasard, mais d'une certaine façon. Vous allez alors pouvoir enfin reconstituer un mot et le reconnaître comme étant le mot «arbre». Je dis «enfin», mais, en réalité, toute cette activité s'est déroulée dans votre cerveau à la vitesse de l'éclair.

À ce moment-ci, vous avez *décodé* le mot «arbre». Pour que ce mot prenne tout son sens et que vous compreniez ce dont l'auteur parle, il faut qu'en plus dans votre cerveau il y ait eu, quelque part, emmagasinée en mémoire, une expérience concrète passée que vous avez vécue et qui vous a laissé avec l'image claire d'un arbre. Image que vous pouvez maintenant rappeler et à laquelle sont associés les divers sons, présentés dans un certain ordre, qui produisent le mot «arbre». Vous avez déjà utilisé ce mot vous-même et en avez mémorisé l'articulation.

Avec toutes ces informations *visuelles-auditives-langagières* à votre disposition, et beaucoup d'autres, vous avez maintenant *compris* le mot «arbre» qui avait retenu l'attention de votre oeil sur la page d'écriture.

Voilà un exemple, simplifié à l'extrême, d'un exercice de lecture où la compréhension s'appuie sur l'expérience concrète directe, c'est-à-dire une expérience que vous avez vous-même vécue. Que se passe-t-il, par contre, quand, au lieu de lire un mot aussi familier que «arbre», votre oeil tombe sur quelque chose d'aussi «bizarre» que:

i c o s a è d r e ?

Vous pouvez fort bien *décoder* ce mot, c'est-à-dire

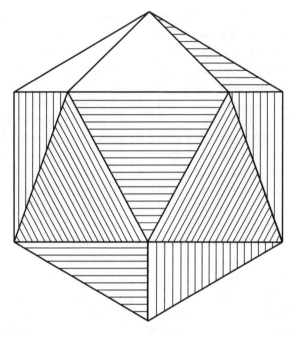

reconnaître la forme de chaque lettre, les associer aux sons voulus, reconstituer le mot, etc. Mais lorsque votre «ordinateur» cherche à associer ce mot écrit à une expérience concrète passée où vous auriez vu, entendu ce mot, où vous auriez expérimenté ce qu'est un «icosaèdre», il y a un vide. (Mes excuses aux lecteurs «savants» qui connaîtraient mieux que moi les icosaèdres!) Vous ne pouvez vous rappeler aucune expérience passée qui puisse donner quelque sens à ce mot. Si vous n'avez aucune assistance disponible pour vous aider à comprendre ce mot, votre acte de décodage demeure stérile: aucune compréhension ne peut en découler. Mais si quelqu'un peut vous expliquer qu'un icosaèdre est une figure géométrique solide à 20 surfaces pleines, vous commencez à comprendre. Les expériences passées qui vous permettent de comprendre ce que sont les figures géométriques plus «courantes» (à 3, 4, 5 côtés) vous donnent accès à cette nouvelle notion. Vous pouvez avoir au moins une idée de ce qu'est un icosaèdre. Si, en plus, votre partenaire peut vous montrer un vrai icosaèdre «en chair et en os» ou vous en faire un dessin, votre compréhension de ce mot en sera d'autant meilleure et votre mémoire pourra plus facilement vous ramener l'information pertinente dans une situation future. Cet exemple de compréhension fondée sur l'expérience indirecte, celle où nous bénéficions de l'expérience d'une autre personne, illustre aussi comment se réalise le transfert des apprentissages passés à de nouvelles situations d'apprentissage.

L'enfant qui apprend à lire passe par des situations de compréhension bien semblables à ces deux exemples (arbre: compréhension à partir de l'expérience directe — icosaèdre: compréhension à partir de l'expérience indirecte) que nous venons d'utiliser. Quand se développe le langage, l'enfant apprend de nouveaux mots (les dire et les comprendre) au fur et à mesure qu'il les entend dans un contexte signifiant. Puis il les répète, les met en relation les uns avec les autres, vérifie dans quel contexte il peut les utiliser, etc., et acquiert ainsi la compétence voulue pour les utiliser de façon pertinente. Graduellement, il apprend de nouveaux mots en se servant de ceux qu'il a déjà maîtrisés. Il n'a plus autant besoin de l'expérience directe avec l'objet même que le mot représente pour comprendre ce mot: des mots lui expliquent de nouveaux mots.

La même progression, de l'expérience directe à l'expérience indirecte, caractérise un peu l'apprentissage de la lecture. Dans un premier temps, disons en première, deuxième et troisième années, pour qu'un texte de lecture soit compréhensible pour l'enfant, le niveau de vocabulaire de ce texte doit s'approcher le plus possible du vocabulaire actif de l'enfant, c'est-à-dire des mots qu'il a découverts par un vécu concret et qui font partie de sa conversation

PROCESSUS DE LECTURE

EXPÉRIENCE
directe/indirecte

D
É
C
O
D
A
G
E

C
O
M
P
R
É
H
E
N
S
I
O
N

Motricité
- adaptation
- contrôle
- coordination

Langage
SYMBOLISME:
- représentation mentale
- sens du mot/expression d'un concept
- unicité des symboles

HABILETÉS LANGAGIÈRES:
- articulation/prononciation
- vocabulaire
- structures des phrases

Perception sensation
VISUELLE
- acuité
- poursuite oculaire
- attention
- discrimination
- mémoire
- mémoire séquentielle

AUDITIVE
- acuité
- attention
- discrimination
- mémoire
- mémoire séquentielle

SPATIALE
- sens de direction/latéralité
- dominance latérale
- organisation spatiale

TEMPS
- sens de l'écoulement du temps
- sens du rythme

Pensée
ORGANISATION
- classer l'information
- identifier ressemblances/différences
- reconnaître parties/tout
- faire les liens dans une suite d'idées
- identifier idées princ./sec.

RAISONNEMENT
- faire des inférences
- tirer des conclusions

JUGEMENT
- déterminer la valeur d'un argument
- formuler opinion appréciation

Émotion
Comportement

Affectivité
- image de soi
- autonomie
- sens de l'initiative
- sentiment de compétence

Concentration
- capacité d'attention
- capacité d'auto-contrôle

Motivation
- volonté de poursuivre un but
- confiance en soi
- persévérance

Lettre-son-mot

Mot-sens

INTÉGRATION SIMULTANÉE DES PROCESSUS

courante. Alors qu'au deuxième cycle de l'élémentaire, l'enfant a de plus en plus facilement accès à un niveau de vocabulaire plus avancé où les mots «s'expliquent» grâce à d'autres mots déjà maîtrisés.

C'est ainsi que, dans un premier temps, l'expérience vécue à partir de laquelle s'élabore un vocabulaire riche, facilite et stimule l'apprentissage de la lecture. Dans un deuxième temps, qu'on ne peut déterminer de façon rigoureuse, c'est la lecture elle-même qui va générer de nouveaux mots de vocabulaire, enrichir l'expérience et la connaissance que nous avons du monde dans lequel nous vivons. La lecture devient alors non plus quelque chose que nous apprenons, mais quelque chose qui nous apprend...

Nous avons jusqu'ici considéré l'acte de lecture dans ses grandes lignes, c'est-à-dire l'aspect visuel, l'aspect auditif, l'aspect langagier, sans trop nous arrêter aux détails. Si on veut mieux comprendre le processus de lecture, il faut regarder ces détails de plus près. Cela revêt une importance particulière quand le processus ne se déroule pas comme prévu et qu'il y a problème.

Pour tenter de démystifier les processus complexes qui nous permettent de lire, nous allons devoir les isoler les uns des autres de façon artificielle. Ces processus, qui sont en constante interaction les uns avec les autres (relais de l'information), s'appuient les uns sur les autres pour fonctionner efficacement. Pour les besoins de la discussion, nous allons donc décomposer en ses divers éléments un tout qui est de nature indissociable dans la réalité.

On aura reconnu dans le schéma de la page précédente certains éléments déjà discutés précédemment:
a) à la base même de l'apprentissage de la lecture: l'*expérience* concrète, directe ou indirecte, qui sollicite

notre système nerveux et nous met en relation avec le milieu qui nous entoure;

b) les deux aspects essentiels qui constituent un acte de lecture complet: le volet *décodage* et le volet *compréhension.*

De plus, on y retrouve cinq domaines de l'activité humaine qui ont chacun un rôle vital à jouer dans l'acte de lecture et que nous allons maintenant examiner d'un peu plus près: la motricité, la perception, le langage, la pensée et le comportement.

La motricité

Dans ses grandes lignes, on pourrait définir la **motricité** comme l'ensemble des habiletés qui nous permettent le mouvement. On parle de motricité globale ou de grande motricité lorsqu'on se réfère à des mouvements larges comme marcher, courir, sauter, lancer, nager, etc. La motricité fine, par ailleurs, concerne les petits mouvements, les mouvements fins comme ceux de l'oeil qui lit ou de la main qui écrit. Pour parvenir à un tel raffinement de la motricité, l'enfant doit cependant passer par différentes phases de développement amorcées dès la naissance, et même avant la naissance, croit-on.

L'enfant a établi son premier contact avec son environnement par ses cinq sens, d'abord par le toucher. Sa peau lui transmet, dès son entrée dans le monde, certaines informations **sensations** sur son environnement. Il ressent le chaud, le froid, le sec, l'humide et, même s'il ne peut donner un nom à ces sensations, il ne les emmagasine pas moins dans son système nerveux pour leur donner un sens plus tard.

Par le toucher, le nouveau-né établit donc son premier contact avec le monde, initie sa première relation avec une autre personne. Avant même de venir au monde, en fait dans le ventre même de sa mère, il a «communiqué» avec elle en la touchant. À la naissance, avant même de voir ou d'entendre, il a été touché et en a éprouvé du plaisir ou du déplaisir. C'est aussi le sens du toucher qui assure sa survie: le réflexe de succion est d'abord et avant tout une réponse à une sensation tactile (contact avec le sein de sa mère ou avec le biberon) qui le satisfait (apaisement de sa faim).

Ces premières expériences sensorielles (toucher, être touché, goûter, entendre, voir...) vont, dans les mois qui suivent, se diversifier et se complexifier à l'infini. En bougeant, l'enfant va d'abord découvrir petit à petit son corps: les différentes parties et les différents segments de son corps. Puis, expérimentant peu à peu diverses positions et divers déplacements de ce corps dans l'espace, il va découvrir son environnement immédiat.

Toutes ces sensations, tout ce qu'il perçoit du monde extérieur par l'un ou l'autre de ses cinq sens, lui permettent d'intégrer certains éléments de la réalité dans son propre système. Elles lui apportent en même temps plaisir/déplaisir, confort/inconfort, aisance/gêne. Parce qu'il veut retrouver le plaisir ou le confort, il va tenter de reproduire tel mouvement qui lui a valu plaisir ou confort. C'est la phase d'**adaptation**, d'ajustement. Il corrige peu à peu chacun de ses mouvements toujours en vue d'en obtenir du plaisir. Dès qu'on le prend, il tourne la tête et cherche le sein ou le biberon parce qu'il sait que ce geste va lui procurer une satisfaction. Dans sa tête, sans mots, sans réelle pensée, s'est créé le lien mouvement-plaisir qui va le conduire de plus en plus loin dans son exploration motrice. Il va accumuler une multitude d'expériences sensorimotrices (impliquant les sens et le mouvement) qui lui permettront plus tard, beaucoup plus tard, de comprendre le monde autour de lui.

Il bouge, il expérimente plus ou moins de succès

dans ses mouvements et il apprend à s'ajuster en conséquence: l'enfant en arrive à une meilleure qualité de **contrôle du mouvement** et à une meilleure **coordination motrice**. Il n'est pratiquement aucun geste, aucun mouvement, aucun déplacement dans l'espace que nous ne puissions exécuter sans solliciter, à chaque occasion, plusieurs groupes de muscles et articulations. Il faut non seulement bien contrôler (sans trop y penser!) chaque muscle, chaque articulation qui produit chaque mouvement, mais il faut en plus que, dans une suite de mouvements, chacun «collabore» bien avec les autres.

Le tout-petit, au cours de ses multiples expériences, doit donc apprendre aussi que, pour atteindre ses fins, il lui faut exécuter ses déplacements et ses mouvements dans un certain ordre. Il est, à ce stade, capable de se donner un but et de prendre les moyens pour l'atteindre. S'il cherche, par exemple, à saisir un jouet à quelques pieds devant lui, il doit se traîner sur le sol d'une certaine façon pour y arriver. Une alternance dans le déplacement de ses jambes et de ses mains, d'un côté et de l'autre, est essentielle pour rejoindre le jouet en question et il peut organiser son déplacement en conséquence.

D'une fois à l'autre, il se souvient comment exécuter ses mouvements pour réaliser son objectif. On ne peut, dans l'état actuel des recherches sur les fonctions cognitives (ce qui concerne la façon dont l'être humain acquiert ses connaissances), parler de «mémoire motrice» comme telle. On ne peut non plus nier que, quelque part dans le système nerveux de l'enfant, s'inscrit, très tôt dans son développement, un type d'informations qui lui permet de se souvenir de la façon d'exécuter un mouvement ou une suite de mouvements.

Cet apprentissage sensorimoteur des premiers mois de vie (plus ou moins dix-huit mois) pose les fondements des apprentissages perceptuel et intellectuel futurs. Ils ont, même si cela ne paraît pas très évident à première vue, un impact important sur l'apprentissage de la lecture, par exemple. Nous avons parlé plus tôt d'adaptation motrice, de contrôle moteur (qualité du mouvement) et de coordination motrice (exécution efficace d'une suite de mouvements). Nous pouvons aisément reconnaître le rôle de ces habiletés dans l'exécution des «grands» mouvements (motricité globale). Il n'en va pas autrement, même si nous avons plus de mal à l'observer, dans les mouvements d'une extrême finesse (motricité fine) de l'oeil qui se déplace sur une page écrite, de la main qui écrit, de la bouche qui émet tel ou tel son. Imaginez la qualité de contrôle qu'exige une telle performance! C'est à cet exploit extraordinaire que prépare, de longue main, l'exploration motrice du tout-petit qui touche à tout, qui «n'arrête pas du matin au soir»!

Approchant de l'âge scolaire et du moment du premier apprentissage de lecture, l'enfant va commencer à comprendre qu'il lui est plus facile ou plus agréable (toujours la notion de plaisir comme renforcement des apprentissages) d'exécuter certains gestes de la main et du pied gauches ou de la main et du pied droits. C'est ainsi que l'enfant en viendra peu à peu à se servir d'une main ou d'un pied plutôt que de l'autre. Sans qu'il soit du tout nécessaire de mettre des mots sur le phénomène, il découvre qu'une sorte de ligne imaginaire, d'axe central sépare son corps en deux côtés: le côté gauche et le côté droit. Il n'est pas encore latéralisé, au sens strict du terme, mais les bases sont posées pour la maîtrise future de cette habileté.

L'expérience du mouvement est aussi l'occasion pour l'enfant d'apprendre à évaluer les distances entre les objets, entre lui-même et ces objets, le temps que requiert tel ou tel déplacement. Ce sont là les

43

fondements de l'orientation spatio-temporelle, habileté on ne peut plus essentielle dans l'acte de lecture et dont nous discuterons plus loin.

Le développement de la motricité chez le tout jeune enfant apparaît donc comme une des toutes premières bases sur lesquelles s'appuieront plus tard plusieurs autres habiletés requises dans l'apprentissage de la lecture.

La perception

L'information que l'enfant recueille sur son milieu au moyen de l'un ou de l'autre de ses cinq sens, ce qu'on appelle une *sensation*, doit être traitée par le cerveau. La *perception* désigne précisément le processus par lequel notre cerveau analyse, interprète, organise, classe l'information reçue par les sens.

Ce n'est plus simplement l'organe (oeil, oreille, peau, nez, langue) qui enregistre l'information, mais notre système nerveux qui y répond et qui l'assimile aux autres connaissances déjà acquises. Selon la «voie d'entrée» de l'information dans notre système nerveux (oeil, oreille, peau, etc.), on parlera de perception visuelle, auditive, tactile, etc.

La perception visuelle

Qu'est-ce que la perception visuelle? Beaucoup plus que le simple fait de voir ou de regarder ce qui nous passe sous les yeux. Nous avons déjà (exemple de lecture du mot «arbre») effleuré la question. Approfondissons-la davantage.

Avant toute autre chose, la perception visuelle s'appuie sur **l'acuité visuelle**, c'est-à-dire sur la capacité de voir, de distinguer les objets et leurs formes, leurs couleurs, leurs proportions, leurs positions, etc., de façon juste, sans distorsion importante. Nul besoin d'insister: il est clair qu'une bonne acuité visuelle est la condition *sine qua non* de l'acte de lecture tel que nous le concevons habituellement. Les personnes aveugles et les personnes malvoyantes recourent bien entendu à des modalités particulières. C'est, entre autres choses, cette acuité que l'optométriste et l'ophtalmologiste tentent de compenser quand ils prescrivent des verres correcteurs à l'enfant qui ne voit pas bien. L'enfant qui jouit d'une bonne acuité visuelle pourra donc lire normalement sans fatigue notable, pour des périodes de temps plus ou moins longues (divers facteurs entrent ici en considération), en tenant son texte à une distance raisonnable de l'oeil (environ 30 cm pour des caractères d'imprimerie de format régulier).

Voir ne signifie pas nécessairement regarder, n'est-ce pas? Pour voir, on a besoin d'un oeil en bonne santé (acuité), mais pour regarder, il faut accorder une certaine **attention** à ce qu'on voit. Il faut, en quelque sorte, s'appliquer à la tâche! L'enfant qui lit doit pouvoir porter son regard sur les mots et «rester avec» ces lettres/mots *assez longtemps* pour les décoder et leur donner du sens. Normalement, l'enfant de trois ou quatre ans ne possède pas vraiment l'attention visuelle requise pour lire. Il peut regarder une image dans un livre, et son regard s'accrochera à un grand nombre de détails, mais non pas de la façon ordonnée que suppose la **poursuite oculaire**. Quand on regarde un arbre, pour en avoir une image claire, signifiante, nos yeux peuvent se permettre une certaine fantaisie: il n'y a pas qu'une seule façon d'observer un arbre. Mais quand on lit, pour arriver à des résultats satisfaisants, il importe de faire glisser l'oeil sur la page écrite d'une façon donnée. Dans notre culture, la convention veut que nous lisions un texte de gauche à droite, en commençant en haut de la page. C'est ce qu'on appelle la poursuite oculaire.

Au fur et à mesure que l'oeil de l'enfant se développe et atteint une plus grande maturité, il devient capable d'une meilleure **discrimination visuelle**. Discriminer, c'est différencier, distinguer, démêler, discerner, etc. Quand il lit, l'enfant doit être capable de noter, d'observer ce qui caractérise chaque lettre. Le format des lettres (majuscule, minuscule), l'orientation des lignes (vers le haut, vers le bas) ou des «boules» (à gauche, à droite), etc., sont toutes des différences subtiles auxquelles notre oeil adulte est bien habitué, mais qu'un oeil moins entraîné ne note pas toujours.

Toutes ces informations de type visuel (forme, grandeur, grosseur, couleur, position, orientation, etc.) que nous recueillons autour de nous ou sur la page écrite doivent être emmagasinées, remisées en **mémoire**, prêtes à être réutilisées, rappelées au moment opportun quand nous en aurons besoin de nouveau.

Le mot «arbre», que vous l'entendiez, que vous le prononciez ou que vous le lisiez, suscite sur votre petit «écran intérieur» une certaine image parce que votre mémoire visuelle a conservé pour vous certaines informations sur cet objet. Cet arbre, vous le reconstituez dans votre tête avec son tronc d'une certaine grandeur, d'un certain diamètre, ses branches disposées, orientées, étalées dans l'espace d'une certaine façon, ses feuilles d'un vert particulier, d'une forme précise. Que vous évoquiez d'abord les branches ou les feuilles ou le tronc pour reconstituer cette image n'a guère d'importance. Il en va tout autrement quand il s'agit de mots. Si vous voulez évoquer correctement non plus l'image de l'arbre, mais le MOT qui représente cet objet, vous devrez non seulement aller chercher en mémoire un certain nombre de lettres aux formes précises correspondant aux sons que vous entendez quand on dit «arbre», mais vous devez aussi vous rappeler ces lettres dans un ordre précis pour que le mot ait du sens. L'habileté en cause dans cet exercice est ce qu'on appelle la

mémoire séquentielle. Chaque fois qu'il est question de séquences, d'habiletés séquentielles, qu'il s'agisse des fonctions visuelles, auditives, spatiales, etc., on se réfère toujours à une série de..., à une suite de... Le rôle de la mémoire séquentielle consiste donc à rappeler ces suites d'informations dans le bon ordre.

Ce survol rapide des différents aspects de la perception visuelle donne une idée, du moins je l'espère, du travail d'identification, d'interprétation, de classement et d'organisation qui s'effectue dans notre cerveau à partir des informations que notre oeil relève tout autour de nous.

La perception auditive

Sur le plan auditif comme sur le plan visuel, il est question d'acuité, d'attention, de discrimination, de mémoire et de mémoire séquentielle, portant, cette fois, non plus sur ce que nous voyons, mais sur ce que nous entendons.

Non seulement il faut que nous puissions bien entendre les sons, les mots qui nous sont dits (**acuité auditive**), mais encore nous faut-il prêter **attention** à ce qui nous est dit ou à ce qu'on entend. Non seulement entendre mais aussi écouter, prêter attention aux sons et aux bruits qui nous entourent. Assise dans un parc, j'entends, même si je ne prends pas conscience de chacun d'eux, une multitude de bruits, de sons, de cris. Je suis en conversation avec une amie: je choisis de faire attention à ce qu'elle me dit et d'ignorer les autres sons ambiants. Mais, si je suis assise seule dans ce même parc, mon attention se portera sur le bruissement des feuilles, sur le chant des oiseaux, sur le klaxon de l'auto qui passe, etc., parce que j'écoute véritablement. C'est une habileté que nous commençons à développer dès notre arrivée dans ce monde. Le bébé naissant écoute les bruits, les voix dans la maison parce que l'expérience lui a enseigné que, parmi ces sons, il en est qui lui valent de grands plaisirs. Avec la voix de maman vient la satisfaction de bien des besoins. C'est le début de la **discrimination auditive:** habileté à reconnaître les différents sons, à leur attribuer des qualités (doux, grave, aigu, plaisant, déplaisant, etc.). Cette habileté permettra à l'enfant qui apprend à lire d'associer le bon son à la bonne lettre, au bon signe écrit, de reconnaître la différence entre le son qui va avec la lettre «p» et celui qui va avec la lettre «b».

Assise dans mon salon, quand, au hasard d'un texte, je rencontre l'expression «bruissement des feuilles», ma **mémoire auditive**, retournant à mon expérience passée dans le parc où j'écoutais justement le bruissement des feuilles, va ramener ce son dans le champ de ma conscience, et je vais pouvoir donner du sens aux mots que je vois sur la page de mon livre. Le même phénomène se produit quand l'enfant rencontre de nouveau la lettre «p» et se souvient du bruit qu'on y a associé quand on lui a présenté le symbole écrit.

L'enfant qui apprend à parler, qui essaie de répéter le mot qu'on veut lui montrer, doit se souvenir dans quel ordre les divers sons ont été entendus. S'il répète «babe», on le corrige en ralentissant notre débit: a–r–b–r–e. Quand il peut enfin répéter correctement tous ces sons, et dans l'ordre où on les lui prononce, c'est que la **mémoire auditive séquentielle** a joué son rôle*. C'est cette même habileté qui, au moment où l'enfant lit le mot «arbre», lui permet de reconstituer, parmi ses expériences passées, une séquence de sons qu'il a déjà entendus correspondant à la séquence des lettres qu'il lit, et ainsi de faire un certain lien entre la langue écrite et la langue parlée. L'image d'un arbre qu'il a déjà vu et qu'il peut puiser dans sa mémoire

---

* D'autres facteurs entrent aussi en cause ici qui pourraient expliquer qu'un enfant ne puisse articuler un mot correctement. Ce n'est que pour la clarté de mon propos que je choisis ici de les passer sous silence.

visuelle au moment où il lit va lui permettre alors de donner un sens au mot qu'il lit.

Au moment de parler de la perception auditive, j'ai fait référence à la perception visuelle, ce qui prouve une fois encore que ces processus complexes ne peuvent être isolés les uns des autres qu'artificiellement ou temporairement. C'est pourquoi le schéma de la page 38 mentionne l'*intégration simultanée des processus*, c'est-à-dire la mise en commun des informations que les cinq systèmes sensoriels (vue, odorat, ouïe, goût, toucher) accumulent chacun de son côté, le tout pour nous permettre une meilleure compréhension du monde extérieur.

La perception spatiale

Nous avons fait allusion un peu plus tôt à cette ligne imaginaire qui partage notre corps en côté gauche et côté droit. En fait c'est bien dans notre corps, grâce à l'exploration motrice entreprise aux premières heures de notre vie, que nous découvrons le **sens de direction**. C'est en prenant notre corps comme point de référence que nous arrivons à déterminer non seulement ce qui est à droite et ce qui est à gauche, mais également ce qui est proche/loin, ce qui est en haut/en bas, ce qui est devant/derrière. Cette capacité que nous avons de percevoir dans l'espace qui nous entoure la position de différents objets ou obstacles les uns par rapport aux autres aussi bien que leur position par rapport à nous-même s'appelle l'**orientation spatiale**.

L'enfant qui explore son environnement, vous vous en souviendrez sans doute, découvre aussi peu à peu que certains mouvements de la main, du pied et (plus tard) de l'oeil ont plus de succès, d'efficacité lorsqu'il se sert d'un côté de son corps plutôt que de l'autre. Il développe une certaine «préférence» latérale: il privilégie un côté de son corps plutôt que l'autre.

C'est ce qu'on appelle la **dominance latérale**, c'est-à-dire le phénomène par lequel le cerveau détermine lequel de ses deux hémisphères (les deux moitiés du cerveau) contrôlera dorénavant tel ou tel élément de notre activité.

Dans un premier temps, l'enfant a donc appris à se déplacer dans l'espace qui l'entoure en tenant compte des obstacles qui s'y trouvent. Pour rendre ces déplacements plus efficaces et économiser temps et énergie, il en vient assez rapidement à «planifier» ses déplacements. Il ne se déplace plus au hasard, mais d'une façon ordonnée, en respectant une certaine séquence de mouvements. Voilà le début de l'**organisation spatiale**, habileté par laquelle nous pouvons planifier une suite de gestes, de mouvements, de façon à atteindre un objectif plus rapidement, avec plus de satisfaction et de précision.

Toutes ces habiletés «spatiales» s'avéreront d'une extrême importance plus tard dans l'acte de lecture. En effet, dans notre culture, on commence à lire une page de lecture en haut, à gauche, sans quoi le texte n'aura aucun sens. Les lettres et syllabes d'un mot doivent de plus s'enchaîner les unes aux autres de gauche à droite, sans quoi, encore une fois, on ne peut donner de sens au mot. «Etrop» n'a aucun sens pour nous parce qu'on a lu «porte» dans le mauvais sens. Et c'est constamment que l'on doit respecter cette règle: on ne peut lire tantôt de gauche à droite et tantôt de droite à gauche.

La perception du temps

Ce déroulement des événements, cet enchaîne-ment des gestes et des mouvements dans une suite, cet écoulement des lettres et des sons de gauche à droite dans un certain ordre, tout cela se produit dans un temps donné. Prendre conscience, pour l'enfant, du **sens de l'écoulement du temps**, c'est comprendre que chaque action, geste ou mouvement que nous faisons connaît un début, un milieu et une fin qui constituent sa durée. Ce sont là des notions extrêmement complexes et abstraites qui ont ravi les philosophes depuis les débuts de l'histoire de l'humanité. Inutile de dire que la compréhension que peut avoir un enfant de ces notions demeurera bien limitée. Qu'il lui suffise cependant de comprendre (savoir ce qu'elles représentent et pouvoir les utiliser adéquatement) les conventions auxquelles notre société en est arrivée pour diviser ce temps en unités de mesures telles que: aujourd'hui, hier, demain, jour, heure, semaine, mois, saison. Comprendre qu'il y a dans toute situation un *avant*, un *pendant* et un *après* qui se déroulent d'une façon ordonnée. D'abord à partir des événements de la vie quotidienne que, nous, adultes, situons dans le temps à l'intention de l'enfant en lui *nommant* ces moments. «Ce matin, nous avons... et, cet après-midi, nous ferons...» C'est principalement par la répétition des ces expressions, utilisées dans un contexte significatif pour lui, que nous enseignons à l'enfant le sens de ces termes qui constituent le «vocabulaire du temps». À l'école, plus tard, c'est sur ces notions de base qu'il s'appuiera pour comprendre le sens de certains textes, situer leur action dans le temps, voir la séquence logique des événements, etc.

Le temps n'est pas seulement une suite de moments, d'instants dans lesquels prennent place les événements. C'est aussi une alternance action/repos, mouvement/pause, son/silence, lettres/espace, etc. Le **sens du rythme**, c'est ce qui nous permet de prendre conscience de ces phénomènes liés intimement à la perception juste du temps. Le mot «rythme» fait habituellement référence à musique. En réalité, tout dans notre environnement est soumis au rythme:

notre propre respiration, toutes nos fonctions biologiques (pouls, faim, sommeil, soif, etc.), la nature (le courant de la rivière, les marées, le vol des oiseaux, la croissance des arbres...), notre travail, etc. Et la langue qu'on parle, qu'on écrit, qu'on lit. Le rythme du texte qu'on lit est indiqué par la ponctuation, laquelle est liée à l'enchaînement des idées qu'on veut présenter et sert au besoin à reprendre son souffle, du moins pour ce qui est de la lecture orale! Essayez donc de lire une page complète d'écriture sans vous occuper de la ponctuation, sans aucun arrêt. Viendra inévitablement un moment où vous *devrez* vous arrêter pour respirer, non? Au-delà de cette «exigence de base» demeure le lien, aussi essentiel, entre la ponctuation et la compréhension du texte. Notez l'importance de la ponctuation dans l'exemple qui suit!

Paul cria la main endolorie ne m'abandonne pas ainsi.

On peut ponctuer la phrase de diverses façons:

— Paul cria: «La main endolorie ne m'abandonne pas ainsi!»

— Paul cria, la main endolorie: «Ne m'abandonne pas ainsi!»

— «Paul, cria la main endolorie, ne m'abandonne pas ainsi!»

On peut obtenir divers résultats au plan de la compréhension, n'est-ce pas?

Ce sens du rythme prendra une dimension toute différente, et combien plus complexe à saisir encore, si on lit de la poésie. Au rythme de la phrase et des idées s'ajoute la cadence du vers même.

Nous avons vu jusqu'ici le rôle de *la perception*, du moins de certains de ses aspects, dans l'acte de lecture. C'est un très rapide survol d'un vaste sujet dont on ne saurait couvrir ici que quelques aspects, bien sûr. Qu'il nous suffise d'en avoir une assez bonne idée pour pouvoir poursuivre notre examen des processus d'apprentissage de la lecture.

Le langage

Le langage, c'est:

- un *système*, donc un ensemble ordonné soumis à des règles précises,
- de *symboles*, donc de signes (les mots parlés et/ou écrits) qui représentent quelque chose — «*le mot n'est pas la chose*» (A. Korzibski, *Science and Sanity*), c'est dire que le «mot» TABLE n'est pas «la table», mais un signe, un symbole que nous utilisons pour parler de cet objet, pour le représenter,
- *utilisé par l'être humain*, ce n'est que par analogie que nous parlons du «langage» des animaux,
- *en vue de communiquer*, c'est-à-dire pour échanger, transmettre, partager les informations que nous possédons.

L'acte de lecture, où le langage est présenté dans sa forme «écrite», s'inscrit dans le prolongement du développement du langage lui-même. L'habileté de lecture s'appuie dans une très large mesure sur l'habileté de langage que l'enfant a développée tout jeune. Cette habileté d'abord mise en place sur le plan oral se transpose, à l'âge scolaire, dans une nouvelle dimension, c'est-à-dire le plan écrit. Pour comprendre comment l'enfant lit, il faut savoir comment il a appris à parler, comment s'est développé ou aurait dû se développer son langage.

Notre langue, comme toute autre langue, est constituée d'un ensemble de symboles, les mots, que nous organisons selon certaines règles. Apprendre ces symboles (d'abord les sons, puis les mots) et comprendre ce qu'ils signifient, maîtriser ces règles

53

(l'agencement des mots dans les phrases) qui déterminent comment sont utilisés les symboles et apprendre à utiliser le tout pour comprendre les autres et se faire comprendre d'eux, voilà finalement à quoi tend le développement du langage chez l'enfant.

Le symbolisme

L'être humain est seul, du moins c'est là notre croyance à ce stade-ci de notre connaissance de l'univers, à utiliser les symboles pour communiquer. Par symbolisme, on entend la capacité d'utiliser un signe pour représenter un objet, une situation, une personne, un message, etc. Le «signe», le «symbole» peut être:

- un dessin;
- un geste (notre index posé à la verticale sur la bouche signifie: silence);
- une mimique (nous levons les yeux au ciel pour signifier notre exaspération);
- plusieurs choses encore. Les exemples de symboles utilisés couramment dans notre société sont d'une variété quasi infinie. Qu'il nous suffise, dans le contexte de ce livre, de ne considérer que le MOT comme symbole.

Il y a, dans ma cour, un certain objet qui a une certaine forme, une certaine couleur, une certaine grandeur, une certaine texture, et qu'il est convenu d'appeler *arbre*. C'est arbitraire: on aurait pu lui donner un tout autre symbole, un tout autre nom. La convention veut qu'on l'appelle *arbre*. Je peux bien choisir de l'appeler *forgiecle*, mais je serai seule à comprendre de quoi je parle, n'est-ce pas?

Le mot arbre n'est pas l'arbre: il en est la représentation, le symbole. Une des habiletés que l'enfant en train de développer son langage doit maîtriser, c'est cette capacité de comprendre le sens que l'on donne dans notre culture à tous ces symboles que sont les mots.

C'est à Jean Piaget, illustre psychologue suisse qui a mené des recherches très approfondies sur le développement de la pensée et du langage de l'enfant, que nous devons aujourd'hui de mieux comprendre comment l'enfant apprend à utiliser les symboles. Pour le tout-petit qui vient au monde, n'existe que ce qu'il peut voir, entendre, toucher, que ce qui frappe l'un ou l'autre de ses cinq sens. Il est incapable de **représentation mentale**, incapable de représenter quelque chose par autre chose. Ce n'est qu'entre seize et vingt-quatre mois environ que l'enfant acquiert l'habileté à se représenter mentalement quelque chose qui n'est plus sous ses yeux, à utiliser le symbole, lequel n'est encore qu'une image qu'il garde en tête. Il le fera d'abord et avant tout avec des objets très concrets, très significatifs pour lui, qu'il a déjà vus, connus. C'est le stade de l'image mentale reproductrice, celle qui rappelle simplement un «déjà-vu». Plus tard, il en arrivera à pouvoir utiliser son acquis pour l'appliquer à de nouvelles situations. Il pourra transférer son apprentissage à de nouveaux contextes, deviendra capable d'images mentales anticipatrices.

Ce monde «mental» s'élargira peu à peu jusqu'à ce que, beaucoup plus tard, à l'école, il puisse se représenter mentalement non plus un mot à la fois, mais toute une scène décrite dans son livre de lecture. C'est la base de la compréhension en lecture. Base aussi de toute méthode de travail où on doit imaginer d'avance les étapes à suivre pour exécuter telle ou telle tâche.

Revenons au développement de la fonction symbolique chez l'enfant qui peut maintenant se représenter mentalement un objet ou une personne. Il doit aussi apprendre que cette image mentale est attachée à un «mot», qu'elle porte un nom. Il doit prendre conscience du **sens du mot comme expression d'un concept**. Il doit, en d'autres mots, faire un lien sûr entre l'image qu'il a en tête de tel objet qu'il a déjà vu et LE mot, parmi tous ceux qu'il entend, qui correspond à cet objet.

Vous avez sans doute déjà observé un jeune enfant qui vient d'apprendre un mot nouveau. Il le dit, le répète sans cesse. Il s'en sert «à toutes les sauces», à tort et à travers. Il a appris que tel fruit que vous lui donnez est une orange. Il a répété le mot correctement et vous lui avez montré toute votre satisfaction de l'entendre dire «orange» correctement. Il veut vous faire plaisir de nouveau et le répète constamment. Tout ce qui est rond, ou de couleur orangée, ou qui se mange (selon LE critère qu'il retient) devient une *orange*. L'enfant n'a pas, à ce stade, compris le **sens de l'unicité des symboles**, c'est-à-dire qu'il n'a pas compris que chaque mot, ou symbole, ne peut représenter qu'un seul objet très spécifique, un objet *unique*. Il doit encore découvrir que, même si la balle est ronde et de couleur orangée, on ne l'appelle pas *orange* parce qu'elle ne se mange pas, entre autres raisons! Que, même si la pomme se mange et qu'elle est ronde, on ne l'appelle pas *orange* non plus, parce qu'elle n'est pas «pareille en dedans», qu'elle n'est pas de la même couleur, qu'elle n'a pas le même goût, etc. En multipliant les expériences de tâtonnement autour du mot *orange* et de ce qu'il représente et ne représente pas, il va peu à peu développer dans son esprit une notion claire de ce qu'est vraiment une *orange*.

Cette petite expérience avec le mot *orange* va se répéter un nombre incalculable de fois avant que l'enfant ne maîtrise bien son langage et ne se rende compte que chaque mot correspond à tel objet possédant telles caractéristiques.

Vous pouvez sans doute concevoir l'importance que revêt, pour l'apprentissage de la lecture, cette habileté à reconnaître l'unicité des mots. Toute compréhension d'un texte ou d'une communication, qu'elle soit verbale ou écrite, dépend du sens que l'on donne aux mots. Nous pouvons toujours, dans un contexte particulier, nous permettre certaines libertés avec les mots, leur donner un sens particulier et être encore compris de nos proches. Force nous est cependant de respecter le consensus général si nous voulons un succès minimal dans nos communications, orales et écrites, avec la majorité des gens qui nous entourent.

L'enfant qui lit est en réalité en communication avec un auteur et doit pouvoir reconnaître ce caractère d'unicité des mots pour saisir le message qui lui est livré.

Les habiletés langagières

On entend par «habiletés langagières» ces habiletés dont nous avons besoin pour produire du langage, pour pouvoir parler tout simplement.

L'habileté de base, la condition *sine qua non* du langage parlé, sera sans doute celle de l'**articulation/prononciation**, c'est-à-dire strictement la capacité d'*émettre* et d'*organiser* des sons distinctement, clairement, en utilisant comme il se doit l'appareil phonatoire: la voix, la bouche, la langue et les lèvres. Autrement dit, c'est la capacité de faire vibrer ses cordes vocales de façon à produire des sons que les autres peuvent reconnaître comme appartenant à la langue française (dans le cas qui nous intéresse). Ce petit exercice, en apparence d'une grande simplicité pour quiconque ne souffre d'aucun trouble grave de langage, sollicite plusieurs muscles très fins de la bouche, de la langue, de la gorge, etc., et requiert, entre autres choses, de bonnes habiletés auditives. Nous avons donc ici un bon exemple d'interaction de plusieurs processus perceptivo-moteurs, mettant en cause la perception et la motricité.

Le **vocabulaire**, c'est la banque, la réserve, l'accumulation de mots dont nous disposons pour communiquer nos idées. Il est souvent question, quand on parle du vocabulaire des enfants, de *niveau réceptif* et de *niveau expressif*. Le vocabulaire réceptif, ce sont les mots que l'enfant comprend, même s'il ne les utilise pas, s'il n'a pas encore appris à les utiliser. Il les a entendus suffisamment pour savoir ce qu'ils signifient et à quoi ils se réfèrent. Le vocabulaire expressif, le mot le dit bien, c'est le vocabulaire avec lequel l'enfant s'exprime, les mots qu'il peut utiliser lui-même. Certaines recherches ont mentionné que l'enfant a besoin habituellement d'entendre le même mot une dizaine de fois dans un contexte signifiant pour pouvoir bien saisir le sens de ce mot (niveau réceptif) et une bonne quinzaine de fois avant de pouvoir l'utiliser dans la bonne situation, dans le bon contexte (niveau expressif).

Cela a été dit plus tôt dans ce chapitre, le vocabulaire d'un enfant en plein développement s'élabore d'abord à partir des expériences signifiantes qu'il vit ou qu'on lui offre l'occasion de vivre et sur lesquelles on «met des mots». La compréhension en lecture dépend *très largement* de la richesse et de l'étendue du vocabulaire que l'enfant possède déjà quand il lit, du moins dans les premières phases de l'apprentissage de la lecture. Mais peu à peu, cela aussi a déjà été dit, c'est la lecture elle-même qui enrichira le vocabulaire de l'enfant.

Ces mots que l'enfant apprend à utiliser pour se faire comprendre de son milieu, il doit, de plus, les utiliser selon certaines règles, certaines conventions rattachées spécifiquement à la langue française. Il doit apprendre à reconnaître la **structure de la phrase**: comment assembler les mots pour qu'ils respectent la grammaire française. On ne dit pas: «la porte ouvre maman», mais «maman ouvre la porte». Dans le premier exemple (qu'on pourrait attribuer à un tout-petit de un an et demi ou deux ans), il est clair que l'enfant comprend le sens des mots, qu'il sait les utiliser dans le bon contexte, qu'il peut se faire comprendre, mais la **structure** de sa phrase n'est pas acceptable en français. Ces règles, on le sait, sont infiniment nombreuses en français et, alors qu'on doit tant «bûcher» à l'école pour les apprendre au plan de la langue écrite, l'enfant les apprend normalement de façon intuitive quand il acquiert son langage. On ne les lui enseigne pas de façon académique: on lui donne un modèle (en parlant avec lui) qu'il va ensuite tenter de reproduire.

L'enfant qui n'a pas encore, alors qu'il aborde l'apprentissage de la lecture, une bonne notion de la structure d'une phrase en français, connaîtra sans doute des difficultés majeures à comprendre le sens d'un texte. Puisqu'il n'a pas encore saisi, sur le plan oral, le sens de la phrase, comment pourrait-il y arriver sur le plan écrit? Prenons l'exemple d'un enfant qui se présente en première année encore incapable d'utiliser le pronom «je». Au lieu de dire: «Je cherche mon cahier», il dira: «Pierre (parlant de lui-même) cherche son cahier.» C'est une structure de phrase fort acceptable à un certain stade de développement du langage, mais qui ne l'est plus à l'âge de six ans. Comment cet enfant qui n'a pas encore intégré cette notion (l'emploi du «je») dans son système peut-il comprendre toutes les nuances d'un texte qui serait rédigé à la première personne du singulier par exemple?

On pourrait aussi parler de l'utilisation des prépositions et des adverbes. Les textes qu'on lit en sont littéralement farcis. Ils ont le très fâcheux inconvénient, pour ceux qui ne les maîtrisent pas bien, de modifier tout le sens de la phrase. Or, quand un enfant ne saisit pas bien le sens de ces petits mots comme «alors, puisque, lorsque, surtout», etc., une partie importante du sens du texte lui échappe. Certains liens lui sont inaccessibles. Il se peut fort bien que, dans sa famille, ce ne soit pas là des mots d'usage quotidien. Il faudrait peut-être alors enrichir la «langue quotidienne» en faisant très tôt la lecture de bons textes à l'enfant qui apprend sa langue. N'oublions pas que l'enfant apprend sa langue principalement en reproduisant ce qu'il entend et que, plus tard, il ne pourra donner du sens au mot écrit que s'il peut le mettre en relation avec sa langue parlée.

La pensée

Arrivé à l'âge de sept ans environ, l'enfant a accompli un travail colossal sur lui-même: il a mis en place, via son activité sensorimotrice, les sous-structures qui supporteront éventuellement toute son activité cérébrale. De l'état d'organisme totalement dépendant de ses réflexes biologiques, il est passé à l'état de personne capable d'activité symbolique. Il va continuer de développer et de raffiner ses habiletés sensorimotrices et symboliques et, en même temps, de développer sa pensée. Jusqu'ici cependant (six ou sept ans), son activité mentale, sa pensée dépendait exclusivement de son vécu, de son expérience personnelle avec la réalité. Il devient maintenant, comme il approche de son entrée à l'école, capable d'*agir* sur les informations emmagasinées, de s'en servir pour parfaire sa connaissance de lui-même et de son environnement. Voyons un peu quel impact aura sur l'apprentissage de la lecture ces nouvelles habiletés développées par l'enfant.

Nous en sommes au stade de la pensée concrète (de sept à douze ans) où l'enfant apprend à organiser sa compréhension de la réalité de façon logique et cohérente. Un peu comme on doit, à un moment donné, classer ces dossiers qui se multiplient sur le bureau pour gagner du temps et de l'énergie, l'enfant en arrive à **classifier l'information** recueillie depuis sa naissance. Classifier, c'est regrouper, ranger divers éléments selon leurs caractéristiques communes. Certains mots se réfèrent à des personnes, d'autres à des objets, d'autres à des animaux, d'autres à des qualités, etc. L'enfant doit regrouper ces données par *catégories*: se rendre compte que l'orange, la pomme, la banane, la pêche sont des *fruits*; que le manteau, la jupe, les pantalons, le chandail sont des *vêtements,* etc. Il ne suffit plus de considérer l'objet tel quel sous nos yeux (expérience sensorielle), d'enregistrer l'information (niveau perceptuel) et de se le représenter mentalement par la suite (activité symbolique), mais de comprendre ce qui le caractérise, ce qui en fait, par exemple, un fruit et non un légume. Cette découverte, l'enfant doit la faire d'une manière intuitive, par lui-même, en observant les caractéristiques de chacun des objets, en les comparant.

Les premières catégories auxquelles l'enfant se réfère sont simples, portent un nom et se définissent assez clairement: les fruits, les légumes, les moyens de transport, les meubles, les métiers, les animaux, les plantes, etc. Puis ces catégories vont se subdiviser: les moyens de transport sur terre, sur l'eau, dans les airs; les animaux à plumes, à poils, etc.

L'habileté à classifier l'information est un moyen, un outil que l'enfant se donne pour arriver plus tard à penser clairement, à comprendre, c'est-à-dire à trouver le sens non plus des mots, mais des événements autour de lui. C'est une habileté qui s'exercera, la vie durant, bien au-delà du cadre de la lecture, comme vous pouvez très bien le concevoir.

Qu'en est-il cependant de cette habileté par rapport à la lecture? Il ne s'agit évidemment plus des processus de décodage, mais de la compréhension elle-même. Juste pour répondre aux questions de compréhension du texte, il faut pouvoir reconnaître le *type* de questions posées: il faut pouvoir les *classer*. Considérons par exemple les questions les plus traditionnelles et les plus fréquentes:

Qui?   **Quoi?**   **Quand?**   **Où? Pourquoi?**
une personne   un objet   un moment   un endroit   une raison

Pourquoi un enfant répond-il: «Sur la patinoire» quand on lui demande: «*Quand* les enfants sont-ils sortis de la maison?» Peut-être tout simplement parce qu'il n'a pas *classé* la question dans la bonne catégorie. Beaucoup d'autres facteurs, il va sans dire, entrent en ligne de compte, mais la possibilité qu'il ne distingue pas bien la «question-moment» de la «question-endroit» demeure une hypothèse d'explication à envisager. Jetez un coup d'oeil aux questions qu'on pose sur les textes de lecture dans les livres scolaires: vous pourrez sans doute identifier plusieurs types de questions auxquelles les enfants ont à répondre. Et qu'ils doivent eux-mêmes bien identifier avant même de chercher la réponse.

Revenons au processus de classification. Pour placer tel objet dans la bonne catégorie, il faut être capable d'**identifier les ressemblances et les différences** entre des objets, de les comparer entre eux. Le lait, l'orange et le jambon font tous trois partie d'une grande catégorie appelée *aliments* parce qu'ils nous nourrissent. Ils ont quelques chose en commun: la capacité de nous nourrir. En quoi diffèrent-ils? Pourquoi classe-t-on le premier dans les boissons, le deuxième dans les fruits et le troisième dans les viandes? Qu'est-ce qui caractérise ces sous-catégories?

L'enfant apprend à analyser les caractéristiques de chaque catégorie et, plus tard, les caractéristiques de chaque situation de lecture. C'est un apprentissage, encore une fois, plutôt intuitif, en ce sens que ce sont là des notions que l'enfant pressent, découvre sans qu'il faille les lui enseigner. Nous pouvons tout juste susciter l'occasion de lui offrir de faire ces découvertes en parlant, en discutant avec lui.

Quand on entreprend d'analyser les ressemblances et les différences entre deux objets, sans s'en rendre compte peut-être, on en arrive à **décomposer le tout en ses parties** et à **identifier tout et parties** comme des entités distinctes bien que liées entre elles.

De prime abord, le tout-petit qui apprend que «ça, là, ça s'appelle un *arbre*» ne distingue pas le tronc, les branches et les feuilles. Il voit l'arbre comme un tout, globalement. Il fera peu à peu l'analyse de cet objet et en viendra à comprendre que les branches sont une partie de l'arbre et que ce fait n'affecte en rien le tout qui continue de s'appeler «arbre». Cet exercice d'analyse va porter sur des entités de plus en plus complexes jusqu'à ce qu'il puisse, par exemple:

• reconnaître les différents éléments d'une même situation;
• isoler une information précise à l'intérieur d'une longue phrase;
• identifier les groupes syntaxiques (groupe-sujet, groupe-complément, groupe-verbe) dans la phrase;
• identifier les idées principales et secondaires d'un texte;
• reconstituer le plan d'un texte, etc.

L'enfant est maintenant capable de **faire le lien dans une suite d'idées**. Il peut les analyser, voir comment elles s'enchaînent les unes aux autres, se complètent, contribuent à faire un tout qui a du sens. On dit, en langage populaire, qu'il est capable d'une certaine logique. Il peut alors raconter une histoire qu'il a lue, entendue ou vécue, en respectant non seulement le déroulement de l'événement dans le temps, mais le lien logique entre les différentes composantes de cet événement. Il peut comprendre le *pourquoi* et le *comment* des choses, du moins de certaines choses.

Il peut reconnaître que certains événements en entraînent d'autres. Ainsi il arrive à **identifier les idées principales et les idées secondaires** d'un texte, à établir des relations entre les unes et les autres. Nous envisageons ici un niveau de compréhension en lecture chargé d'une certaine sophistication. Pour les plus jeunes, ce type d'exercices se limitera à donner un nouveau titre à une histoire ou à différents paragraphes de l'histoire, alors qu'aux aînés, on demandera de dégager le plan du texte qu'ils ont lu.

Le raisonnement

Qui dit raisonner dit manier des idées, utiliser des données pour aboutir à certaines conclusions, pour expliquer certaines situations. C'est l'aboutissement naturel de toute cette exploration sensorimotrice amorcée à la naissance sur laquelle se sont greffées, au fil des ans, les expériences perceptuelles et langagières de l'enfant: les structures ont été mises en place. À onze ou douze ans, lorsqu'il atteint le stade de ce qu'on appelle la pensée formelle, l'activité mentale de l'enfant ne dépend plus directement du concret: elle peut s'appuyer sur les idées elles-mêmes. L'enfant peut **construire des hypothèses**, les vérifier, les modifier, découvrir de nouvelles données en dehors de ses propres réflexions. Il est capable d'une certaine pensée scientifique (non pas restreinte au domaine des «sciences» mais applicable à la résolution de toute situation problématique), c'est-à-dire qu'il peut:

• se poser des questions sur un sujet;
• formuler des hypothèses de réponses;
• observer les faits;
• analyser ces faits;
• modifier ses hypothèses de départ;
• formuler une réponse juste, claire et précise.

Voilà la structure sur laquelle devraient s'élaborer les fameuses «recherches» que les enfants (ou leurs parents?) font à l'école. Nous sommes loin de ces exercices ridicules qui consistent à copier sans comprendre (plus souvent qu'autrement avec profusion de fautes d'orthographe!) des pages et des pages extraites de livres de références et à décalquer des dessins et des graphiques tous plus compliqués les uns que les autres.

À partir de son observation des données d'une situation, d'un problème, il peut donc **faire des inférences**. Il a observé des faits et peut en imaginer les prolongements logiques tout comme les causes possibles. Dans une situation donnée, il peut concevoir l'enchaînement des événements antérieurs expliquant la situation et projeter dans le futur un possible dénouement. Il peut envisager les conséquences de telle ou telle action. Face à un problème, il peut examiner plusieurs solutions possibles.

Ces idées, ces principes sur lesquels l'enfant agit maintenant, il est capable d'en voir le lien logique et d'en **tirer des conclusions**. Dans une discussion ou dans la lecture d'un texte, par exemple, il va pouvoir considérer différents arguments, différents aspects, envisager diverses possibilités et découvrir les conséquences qui découlent de ces arguments et de ces possibilités. On dit, en langage populaire, qu'il est capable d'une certaine *logique*.

Ce long développement progressif de l'intelligence n'atteint jamais réellement de stade «final». À douze ans environ, l'enfant a normalement développé les instruments qui lui donnent accès à la connaissance. Il a en main, ou plutôt en tête, les instruments; il ne tient maintenant qu'à lui d'en faire bon usage, pour peu que nous l'ayons guidé dans ce sens. Ces habiletés mentales que l'enfant a développées devraient en faire un «lecteur actif», c'est-à-dire un lecteur qui demeure en interaction avec le texte. Qui en analyse les arguments, qui en vérifie le bien-fondé, qui les met en relation avec d'autres données sur le sujet, qui «discute» mentalement avec l'auteur.

Le jugement

Nous attribuons une certaine valeur à toute chose qui nous concerne. Qu'il s'agisse de valeurs morales (bien/mal), esthétiques (beau/laid) ou autres, nous donnons à toutes choses une «cote», même si nous n'en sommes pas toujours conscients. Nous «évaluons» à partir d'un certain code d'éthique plus ou moins bien défini: certaines choses nous sont acceptables, d'autres pas.

Dans la conduite de sa vie en général, se fiant surtout au modèle que lui offre son entourage, l'enfant apprend, très jeune, à juger ses actions et celles des autres comme étant bonnes ou mauvaises. Il découvre plus ou moins intuitivement que certaines normes gouvernent nos façons de faire. Ces normes, il les applique d'abord à son vécu immédiat, à la réalité immédiate. Puis, au fur et à mesure que ses horizons s'élargissent, en organisant l'information qu'il recueille sur son environnement, il donne une valeur aux divers éléments de cette information. Il classe les faits comme bons/mauvais, vrais/faux, plaisants/

déplaisants, etc., et développe peu à peu son propre code d'éthique, ses croyances. Il examine les situations à la lumière de ce code.

C'est ainsi qu'il pourra, éventuellement, évaluer le comportement des personnages dans une histoire, poser un jugement sur le dénouement, etc. Il pourra finalement **déterminer la valeur d'un argument** présenté dans un texte. En débattant les idées, il les classera selon les normes qu'il aura acceptées, les acceptera, les rejettera, les critiquera. Ces idées lui plairont ou lui déplairont pour diverses raisons et il pourra expliquer pourquoi, à partir de quels critères, il peut **formuler une opinion, une appréciation**.

Quand il exprime une opinion, l'enfant fait appel à sa connaissance du sujet, à sa maîtrise du langage, à son code d'éthique, mais aussi à ses états affectifs. Des prédispositions, plus ou moins fortes, vis-à-vis de certaines choses l'influencent pour les évaluer et pour les accepter ou les rejeter.

Nous complétons ici le survol des processus cognitifs qui sous-tendent tout acte de lecture complet. Ce que j'entends par «acte de lecture complet», c'est le processus par lequel l'enfant non seulement déchiffre un message écrit, *décode*, mais tente réellement de *comprendre*, de saisir le sens que l'auteur a voulu donner à ce message écrit. C'est, en d'autres mots, un acte qui recouvre à la fois le volet décodage et le volet compréhension de l'exercice de lecture. Alors que le mécanisme de décodage, l'acte par lequel on donne son sens à un signe (en lecture, reconnaître que telle lettre, signe écrit, correspond à tel son de la langue parlée), repose surtout sur nos habiletés motrices et perceptuelles, la compréhension de lecture sollicite plutôt les habiletés liées au langage et à la pensée. Il importe de rappeler toutefois que tous ces processus n'opèrent pas en «compartiments détachés»: ils sont en constante interaction les uns avec les autres, ce qui a pour effet de modifier constamment notre système de traitement de l'information.

Il va de soi qu'on ne saurait attendre d'un enfant de sept ou huit ans qu'il possède la même qualité de compréhension en lecture, la même sophistication, que celle d'un adolescent. Nos attentes et la stimulation qu'on offrira à chaque enfant devront tenir compte de son niveau de développement intellectuel. L'enfant de sept ou huit ans, par exemple, encore au stade d'une pensée concrète, peut répondre à des questions littérales sur un texte, c'est-à-dire à des questions qui s'appuient strictement sur les faits donnés dans le texte. Les questions *qui, quoi, où, quand, comment* dont les réponses sont clairement indiquées dans le texte sont de ce type. Il aura plus de mal à expliquer le comportement des personnages, les situations, etc., le *pourquoi* des événements, parce que ce type de questions fait appel à des habiletés mentales plus évoluées qu'il n'a pas encore développées. Ceci ne signifie pas qu'on doive attendre telle date sur le calendrier, le jour où il atteint ses douze ans, pour poser des questions plus sophistiquées. L'éducation ne voisine pas bien avec la rigidité et la compartimentation.

Mais l'enfant n'est pas simplement une «tête qui pense bien» quand il lit, n'est-ce pas? Il est aussi un être d'émotions. La notion de plaisir dont nous avons parlé plus tôt (voir: motricité), comme les autres aspects du développement de l'enfant, va se raffiner, se préciser et se diversifier en une vaste gamme d'émotions.

L'émotion

L'émotion est une agitation intérieure, une excitation que l'on ressent dans une situation donnée et qui se manifeste par des changements physiques plus ou moins visibles: accélération du pouls, de la respiration, rougissement, larmes, expressions du visage, etc.

Les émotions que nous associons plus ou moins consciemment à nos expériences passées conditionnent notre comportement, notre façon de vivre les situations. Si plaisir et satisfaction sont associés à une situation donnée, le tout-petit va vouloir revivre cette situation. Si, au contraire, c'est à la douleur ou à la frustration qu'il associe telle action, l'enfant va normalement tendre à éviter la reproduction de cette action. Les apprentissages scolaires, y compris celui de la lecture, n'échappent pas à cette loi très élémentaire du comportement humain.

Le comportement

Les dictionnaires définissent le comportement comme «la manière de se conduire, d'agir; les réactions observables d'un individu en réponse à une stimulation quelconque». On peut donc penser ici aux divers «comportements» d'un lecteur: ouvrir un livre à la première minute libre, organiser l'éclairage pour bien voir, tourner les pages d'un livre avec précaution, choisir un livre avec soin, etc. Ce sont bien là des «réactions observables» d'une personne vis-à-vis de la lecture. Mais ce que je voudrais plutôt considérer ici avec vous, ce sont certains facteurs qui *déterminent* les comportements que l'enfant adopte vis-à-vis de la lecture.

Souvent, quand on décrit un enfant en difficulté à l'école, on dit de lui qu'il manque de confiance, manque d'autonomie, ne prend pas sa place dans le groupe, n'est pas motivé, ne fait pas attention, etc. À quoi faut-il attribuer ces comportements? Pourquoi l'enfant réagit-il ainsi devant l'échec ou la difficulté? Certains enfants ne «décrochent» jamais devant la difficulté alors que d'autres n'essaient même pas d'y faire face. À quoi cela tient-il? De nombreux facteurs peuvent être invoqués. Il en est cependant qui reviennent avec une telle fréquence dans ma pratique professionnelle qu'il m'apparaît important de les mentionner ici: l'affectivité, la concentration et la motivation.

L'affectivité

Quand on consulte la littérature disponible sur les processus d'apprentissage de la lecture, on est frappé du peu de place que la grande majorité des auteurs accordent à l'affectivité. Comme si l'enfant apprenait à lire en étant «coupé» de ses émotions. Comme s'il pouvait, en situation de lecture, se détacher de ses préoccupations, de ses conflits intérieurs. Comme s'il ne lisait qu'«avec sa tête».

Je ne peux imaginer un problème de lecture qui ne s'accompagne pas d'une certaine souffrance émotive, beaucoup moins visible, il est vrai, que les fautes de décodage, mais qui n'en est pas moins tout aussi réelle. Il est parfois difficile de déterminer si cette souffrance résulte du problème de lecture ou si elle l'a causé. Il est parfois aussi très pénible de regarder cette facette du problème de lecture. On a beaucoup plus envie de corriger les fautes de décodage ou les défauts de compréhension que de regarder bien en face les problèmes émotifs que l'enfant vit et qui ont une incidence directe sur le problème de lecture. Serait-ce parce que souvent ces problèmes émotifs nous remettent en question, nous, **parents ou professionnels**, dans notre mode de relation avec l'enfant?

Pourtant, c'est Piaget qui l'a dit: «Il n'y a pas des comportements cognitifs d'une part et des comportements affectifs d'autre part: ils sont tous les deux toujours présents en même temps*.»

---

* Cité dans: «L'approche clinique dans l'évolution des problèmes scolaires», R. Dubé, D. Thériault, mars 1985 (document non publié).

Ce «tissu affectif», sur lequel se vit toute situation d'apprentissage, s'élabore à partir de l'**image de soi** que l'enfant développe petit à petit par ses relations avec son milieu. C'est l'image de lui-même qu'il ébauche en prenant conscience d'abord de son corps. Il expérimente avec les divers segments de son corps et découvre ce qui est *lui* et ce qui est à l'extérieur de *lui* (exploration sensorimotrice déjà décrite plus tôt). Il se découvre comme étant un être distinct des autres: il y a lui et il y a les autres. Et parmi ces «autres», il y a ceux qui prennent soin de lui, habituellement ses parents et/ou une gardienne. Dans la mesure où ces personnes savent bien satisfaire ses besoins, alors très primaires, il découvre le plaisir ou le déplaisir. Il entretient avec elles un mode de relation particulier. Il accordera très tôt aux réactions de ces personnes une importance très spéciale. L'évaluation qu'elles feront de ses premières «performances» aura une importance capitale plus tard sur sa propre évaluation de ses performances. L'enfant n'a pas, à ce moment, d'autres critères que la réaction de son milieu immédiat pour savoir s'il est bon ou non, s'il fait bien ou non. Ce milieu agit pour lui comme un véritable miroir. Si le «miroir» lui renvoie une image positive de lui-même, il se verra lui-même de façon positive. Si, au contraire, c'est à une image négative qu'il se confronte, il commencera à se voir lui-même de façon négative. Pour peu que la mesure avec laquelle on juge ses performances demeure sévère, stricte, il risque fort de grandir comme un enfant qui ne peut croire en ses capacités réelles, qui manque de confiance en lui, qui a peur de l'échec, etc. Il doutera constamment de lui-même.

Deux voies s'offrent à l'enfant qui a ainsi une image négative de lui-même. Démissionner: «À quoi bon essayer? Je suis pas bon, d'abord. Je n'y arriverai pas de toute façon.» Ou alors entreprendre, au prix d'efforts disproportionnés, de prouver à tous «qu'il est meilleur, plus beau, plus fin, plus gentil que tout le monde».

Ces enfants sont incapables d'évaluer avec justesse leurs capacités réelles. Celui qui a démissionné se dira incapable de faire ceci ou cela alors qu'en réalité il en est capable. L'autre affirmera le contraire: «Oui, oui, ça, je le sais, j'en suis capable», avant même qu'on ait fini de poser la question. Incapables de reconnaître leur problème, ces enfants se coupent par le fait même de leur source d'aide. Ils n'acceptent habituellement pas qu'on les aide, parfois de façon bien subtile.

L'enfant qui a une image négative de lui-même ne se sent pas aimé, peu importe ce qu'on lui dira dans ce sens. Il ne se sent pas capable de rencontrer les exigences de ses parents ou de ses professeurs. Est-il quelque chose de plus précieux pour un enfant qui grandit que d'avoir l'amour de ceux qu'il aime? Surtout celui de ses parents. Bien sûr que le parent aime l'enfant. Personne ne peut en douter. Mais le message que livre un parent aux exigences trop sévères, l'enfant le traduit à sa façon. «Je ne suis pas bon, donc ça se peut pas que papa (ou maman) m'aime.» Et il s'ensuit une souffrance intérieure indescriptible pour l'enfant.

Pour l'enfant qui se perçoit comme étant «pas bon», l'adulte devient l'être supercompétent, super-bon, celui qui a *toutes* les qualités que lui n'a pas. Une telle image de l'adulte renforce la perception déjà négative que l'enfant a de lui-même.

Souvent on observe chez ces enfants une certaine difficulté à se distancier de leurs parents. Comme s'ils voulaient, même si c'est pénible, se tenir le plus près possible de ce qu'ils souhaiteraient être eux-mêmes.

Une saine image de soi, par contre, permettra à l'enfant de développer son **autonomie**: il croit en lui, en ses capacités, donc il peut assumer lui-même ses besoins, ses obligations, ses responsabilités. C'est une tendance naturelle chez l'enfant d'accéder à l'indépendance. Pensez aux incroyables colères de certains tout-petits de deux ans qui veulent faire telle ou telle chose seuls! Ils affirment, cris et gestes à l'appui, qu'ils sont «capables». De toute façon, n'est-ce pas à l'indépendance que vise l'éducation? On veut enseigner les habiletés et connaissances nécessaires pour que le jeune quitte la maison, l'école et fasse son chemin seul. Or, étant donné la complexité de l'activité humaine, on n'arrive pas du jour au lendemain à fonctionner ainsi par soi-même. L'enfant qui grandit a besoin de sentir qu'autour de lui, on lui fait de plus en plus confiance, on croit en ses capacités (encore ici, l'effet-miroir). Il lui sera alors plus aisé de se prendre en main graduellement. Si on le laisse, moyennant des conditions propices, prendre des risques, il saura petit à petit assumer ses propres responsabilités.

L'enfant qui, tout jeune, a développé cette précieuse autonomie arrive à l'école, capable entre autres, de participer activement à ses apprentissages. Il n'a pas besoin de rappels constants pour se mettre au travail et pour exécuter telle ou telle tâche, il a envie d'aller un peu plus loin que ce qui lui est strictement demandé, etc. On dit alors qu'il a un bon **sens de l'initiative**: il est capable d'utiliser ses ressources personnelles pour aborder de nouvelles situations de son propre chef. Il n'attend pas toujours l'adulte qui lui dit quoi faire et comment le faire. Cet enfant (sept ou huit ans) qui, en théorie, a développé les habiletés mentales nécessaires pour organiser et utiliser ses connaissances peut effectivement utiliser ces habiletés parce qu'il a confiance en lui.

Il a développé un certain **sentiment de compétence**: on l'a aidé à maîtriser certaines habiletés et on l'a mis par la suite devant des défis qu'il était capable de rencontrer. On lui a peu à peu laissé plus de contrôle sur ses propres activités. Il a connu certains succès qui lui laissent croire maintenant qu'il peut réussir. Savoir doser les demandes, les attentes qu'on peut avoir face à un enfant est un exercice d'équilibre pas toujours aisé à réaliser pour les parents. Jusqu'où peut-on aller avec tel enfant à tel moment particulier de son développement? Question difficile dont on trouve souvent la réponse dans une observation très attentive des comportements, des attitudes et des performances mêmes de l'enfant. On apprendra ainsi à ne pas trop lui en demander pour ne pas le placer en situation d'échec, mais à lui en demander assez pour le stimuler et l'amener à un nouveau palier de développement personnel.

Sur le plan cognitif, nous l'avons vu plus tôt, une multitude d'expériences permettent à l'enfant de mettre en place les structures cognitives qui vont lui donner accès à la connaissance. Sur le plan affectif, un peu de la même façon, toutes les expériences, positives ou négatives, qu'il accumule dans ses relations avec les autres mettent en place les structures affectives qui vont lui donner «l'énergie intérieure» pour amorcer de nouvelles relations, pour attaquer de nouvelles situations. Ainsi, devant une situation d'apprentissage, il saura utiliser ses ressources personnelles pour se mobiliser efficacement pour cette tâche. Il sera «affectivement disponible» pour apprendre.

On entend souvent dire justement que tel enfant «n'est pas disponible» à l'apprentissage, c'est-à-dire qu'il est trop occupé à résoudre ses conflits intérieurs, à vivre ses peines, pour être présent mentalement à ce qu'on tente de lui apprendre.

L'acte de lecture est un acte
- *cognitif* en ce qu'il sollicite nos connaissances;
- *linguistique* en ce qu'il s'appuie sur le langage; mais aussi un acte

- *communicatif* en ce qu'il suppose une interaction entre l'auteur et le lecteur.

Ce dernier aspect est fortement assujetti aux états émotifs de l'enfant. Il aborde le texte écrit avec ses préoccupations et ses émotions, et la compréhension qu'il en a se trouve nécessairement filtrée par ces émotions et préoccupations. C'est ainsi que parfois il en arrive à donner à un texte une couleur tout autre que celle que l'auteur voulait lui donner.

Les émotions et préoccupations que l'enfant apporte dans la situation de lecture peuvent, d'autre part, se trouver activées, ravivées par le texte même au point de rendre la compréhension du texte quasi impossible pour l'enfant. Toute la pensée de l'enfant est alors dominée par l'émotion qu'il vit.

Tout ceci revient à dire, en langage populaire, qu'il faut être relativement «bien dans sa peau», physiquement et émotivement, pour pouvoir apprendre et comprendre, et ce même avec de très bonnes capacités intellectuelles.

Voyons maintenant d'autres éléments du comportement de l'enfant qui permettent l'apprentissage.

La concentration

Il s'agit essentiellement de la capacité d'un enfant de s'adonner à une activité ou à une tâche pendant un temps donné. De rester présent à ce qu'il doit faire.

Selon l'âge de l'enfant, la nature de la tâche, la durée requise pour son exécution et les conditions ambiantes, l'enfant pourra soutenir son effort à la tâche pour un temps plus ou moins long. À la base de la concentration se trouve la **capacité d'attention**, la capacité d'admettre une donnée, une notion, une idée, un événement, etc., dans le champ de la conscience assez longtemps pour que notre esprit l'absorbe et l'intègre dans notre système. Avant même de se *concentrer*, c'est-à-dire de «rester sur une tâche un certain temps», encore faut-il pouvoir porter son attention sur cette tâche, c'est-à-dire s'arrêter à telle question, à tel objet, être en «état d'éveil».

Le très jeune enfant ne peut maintenir son attention sur quoi que ce soit plus de quelques minutes. Il papillonne constamment d'une chose à l'autre. En vieillissant, ces périodes de temps qu'il peut consacrer à la même activité s'allongent peu à peu jusqu'à ce que, à son entrée à l'école, il puisse rester sur le même sujet pendant plus ou moins vingt minutes environ. Du moins dans des conditions normales. Beaucoup de facteurs peuvent perturber ce scénario de base. Certains viennent de l'enfant lui-même: des facteurs physiologiques, par exemple. D'autres viennent de l'environnement: trop de stimuli sollicitent en même temps son attention et il ne sait lequel choisir, les demandes sont déraisonnables, etc.

Pour arrêter son attention sur un sujet donné, l'enfant doit avoir développé une certaine **capacité d'autocontrôle**, discipline intérieure qui lui permet d'ignorer les stimuli inutiles pour se concentrer sur les plus importants à un moment donné. L'enfant capable d'autocontrôle n'a pas besoin de signaux extérieurs pour concentrer son attention sur une tâche donnée: les consignes viennent de lui-même, de l'intérieur. Il se dirige lui-même; il peut planifier son action et exécuter son plan de façon ordonnée.

On peut imaginer la qualité d'attention et d'autocontrôle requise dans l'acte de lecture. Nous avons déjà parlé plus tôt d'attention visuelle et auditive. L'enfant qui apprend à lire ne peut pas s'éparpiller partout sur la page d'écriture. Et, pour comprendre ce texte, il doit le «suivre» de près. Nous avons tous fait l'expérience de lire des lignes et des lignes en pensant à autre chose. Notre oeil a parcouru un texte, a reçu une certaine stimulation qui s'est imprimée sur la rétine, mais rien ne s'est rendu au cerveau parce que nous ne prêtions pas attention au texte. Et nous devons reprendre le texte pour le comprendre. C'est à ce genre d'attention que l'enfant doit s'entraîner pour pouvoir lire.

La motivation

Toute activité humaine dépend de la motivation, cette force qui nous pousse à agir. À compter du moment où on ouvre l'oeil, le matin, dans notre lit, jusqu'à l'instant où on le ferme, le soir, nous agissons parce que nous sommes motivés. Quelque chose en nous nous donne une bonne raison de poser tel ou tel geste. Nous ne sommes pas toujours conscients de ces raisons, mais elles agissent quand même sur nous.

L'enfant vient au monde motivé. Nous n'avons pas à le *convaincre* de se traîner jusqu'à tel jouet pour l'attraper. C'est de l'intérieur qu'il se sent poussé à le faire et, s'il n'a pas encore les habiletés voulues pour le faire, il va s'y essayer jusqu'à ce qu'il y arrive. Alors pourquoi faut-il *convaincre* un enfant qu'il faut qu'il lise, qu'il fasse tel devoir, qu'il apprenne telle notion, etc.? Pourquoi n'a-t-il pas en lui cette **volonté de poursuivre un but**? Peut-être parce qu'il a perdu confiance en lui, en ses ressources? Peut-être lui a-t-on renvoyé une image négative de lui-même? La motivation est intimement liée à l'image que l'on a de soi, à la **confiance en soi**. Si on se perçoit comme «pas bon, pas capable», pourquoi ferait-on l'effort que requiert tel ou tel apprentissage? S'il nous apparaît impossible de répondre aux attentes, aux exigences de notre milieu, quelle bonne raison aurait-on de faire l'effort demandé? Le «miroir» positif ou négatif dont on parlait plus tôt a le don de supporter l'action de l'enfant ou de la paralyser.

L'enfant qui est capable d'un acte de volonté, du désir d'atteindre tel objectif, doit être capable aussi de persévérance, cette volonté renouvelée. Il doit vouloir poursuivre, consentir *tous* les efforts pour arriver au but fixé. Il faut qu'il croie en ses chances de succès, en ses capacités pour accepter de fournir ces nouveaux efforts. Une fois de plus, à la base, la confiance en soi.

Autres facteurs

Nous avons brossé le tableau des principaux processus intervenant dans l'acte de lecture. Un tableau *idéal* qui ne tient pas compte des «accidents de parcours», des particularités individuelles. Qui ne fait aucune mention, par exemple, de l'état de santé, du rôle de l'imagination, des croyances et des tabous du milieu, de l'hérédité, du sens esthétique, du contexte culturel, etc., sur la compréhension que l'enfant a d'un texte. De la qualité de sa relation avec l'enseignant. De l'effet de certaines médications qu'il doit prendre pour contrôler ses problèmes de santé. Tellement de facteurs, internes et externes, agissent sur l'enfant quand il lit! Ce n'est pas le propos de ce livre de tenter de les passer tous en revue ici: qu'il nous suffise de constater, au terme de ce chapitre, la grande complexité de l'acte de lecture. De quoi s'émerveiller que tant d'entre nous y soient parvenus de façon relativement aisée!

Intégration simultanée des processus

Si, justement, nous lisons si bien, c'est que nous parvenons à coordonner tous ces processus à la fois. Imaginez un peu que vous pourriez, par magie, assembler instantanément toutes les pièces d'un casse-tête. Comme quand la caméra accélère l'image à l'écran. Sur notre petit «écran intérieur», pour que le texte lu ait du sens, il faut que toutes les pièces du casse-tête, c'est-à-dire toutes les bribes d'information que nous possédons dans une situation de lecture donnée, soient assemblées instantanément et que chacune tombe bien à sa place. Dès qu'une pièce manque (ex.: déficience de la mémoire auditive) ou est mal placée (ex.: mauvaise intégration de l'information), le casse-tête ne peut être complété: le texte n'a pas de sens pour le lecteur.

Par ailleurs, si tous les processus sont bien intégrés, bien coordonnés, le lecteur fait:

d'une part	et	d'autre part
le lien lettre-son-mot **(aspect décodage)**		**le lien mot-sens** **(aspect compréhension)**
lequel dépend principalement de		lequel dépend principalement du
la motricité et de **la perception**		**langage** et de **la pensée**

Toutes ces opérations étant sous l'influence

des	de la	de la
états affectifs	**concentration**	**motivation**

du lecteur

Chapitre 3

Et quand ça ne va pas tout seul...

Quand je reçois une demande d'évaluation pour un problème de lecture, je demande habituellement aux parents ou à l'enseignant ce qu'ils ont observé d'inadéquat dans la performance de lecture de l'enfant. En d'autres mots, pourquoi vient-on me consulter? Voici les réponses les plus fréquentes que je reçois:

«Il inverse ses «b» et ses «d»*.
«Il lit sans comprendre.»
«Il ne lit pas; il devine.»
«Il lit syllabe par syllabe.»
«Il ajoute des mots ou bien il en saute.»
«Il ne s'aperçoit même pas de ses erreurs.»
«Il a besoin de son doigt ou d'une règle pour suivre.» (Dans le cas d'enfants plus âgés, neuf-dix ans et plus.)

---

* De loin la plus fréquente; il s'agit presque d'une réponse-cliché.

«Il ne tient pas compte de la ponctuation.»
«Il lit *recto tono.*»

Ou bien:

«J'ai lu un article sur la dyslexie et il en a tous les symptômes.»
«Son professeur dit qu'il est dyslexique.»

À cette liste déjà assez longue, s'ajoutent souvent, au terme de l'évaluation:

• stratégies de décodage inadéquates ou inexistantes;
• pauses inadéquates dans la phrase;
• rythme trop lent;
• absence de transfert des apprentissages;
• substitutions de mots (convenant ou non au contexte);
• trop grande dépendance du contexte, des aspects morphologiques;
• autocorrection inefficace;
• fréquents retours en arrière;
• confusions phonétiques et/ou visuelles.

Et la liste pourrait s'allonger encore. Toutes ces observations recouvrent un certain problème de lecture dont la nature, l'impact et la gravité restent à déterminer si l'on veut trouver la solution qui convient à chacun. Nous tenterons, dans les pages qui suivent, de voir un peu plus clair dans tout ce méli-mélo.

Différents problèmes de lecture

Les problèmes de lecture n'ont pas tous une belle «étiquette» qui nous permettrait de les définir facilement! C'est souvent en décrivant la performance de l'enfant qu'on s'y reconnaît. Je tenterai donc de décrire ces problèmes le plus clairement possible, ainsi que leurs causes (quand il est possible de les identifier), en glissant un mot au passage sur la façon de les corriger. Signalons ici que le lecteur aura vraisemblablement intérêt à se reporter occasionnellement au tableau du chapitre 2 afin de faire la relation entre les problèmes discutés au présent chapitre et les processus de lecture présentés au chapitre précédent.

Nous avons énuméré plus haut une liste de problèmes souvent observés en milieu scolaire. Je propose, pour les besoins de la discussion, de les regrouper en deux catégories, correspondant aux deux aspects de la lecture suggérés au tableau des processus de la lecture, les problèmes liés au décodage et les problèmes liés à la compréhension.

Bien sûr que nous rencontrerons aussi çà et là non pas des problèmes d'apprentissage, dont les causes sont inhérentes à la personnalité même de l'enfant, mais ce que j'appelle de bons vieux problèmes d'enseignement: les moyens, les méthodes d'enseignement s'avèrent inefficaces chez tel ou tel enfant. Nous y reviendrons...

Problèmes de décodage

Cette étiquette recouvre, entre autres choses: les inversions, les confusions phonétiques, les confusions visuelles, la lecture syllabique et le débit trop lent.

À quoi tiennent ces problèmes? Comment se manifestent-ils? Quand deviennent-ils vraiment un problème? Disons tout de suite que, jusqu'à un certain point, ce sont là des phénomènes relativement usuels chez de tout jeunes lecteurs qui commencent à faire leur apprentissage de la lecture. Par ailleurs, quand ces problèmes persistent, ils doivent retenir notre attention.

Les inversions

Ex.: *au lieu de lire:*   *l'enfant lit:*
    abriter   adritère
    lièvre   l'hiver
    sentier   sentir(e)

Causes possibles:

mauvaise habitude
perception visuelle — acuité, poursuite oculaire,
                        attention, discrimination,
                        mémoire séquentielle
perception spatiale — sens de direction

Les inversions sont sans contredit le problème de lecture le plus fréquent (du moins chez les enfants du premier cycle de l'élémentaire), le plus sérieux et le plus lourd de conséquences. On distingue deux sortes d'inversions: l'inversion dans la forme des lettres (bri/dri) et l'inversion dans l'ordre des lettres de la syllabe (vre/ver; tier/tire).

On signale très souvent, et on l'observe ci-haut, l'inversion des «lettres à boules»: b, d, p, q. Elle pourrait n'être que le fait d'un manque d'attention chez le lecteur débutant qui n'attache pas tant d'importance à ces petits détails! On ne doit pas pour autant la négliger, car, si elle persiste plus de quelques semaines, ce pourrait être l'indice de problèmes plus sérieux. Surtout si elle s'accompagne d'inversions d'autres lettres à *formes* semblables: u/n, n/m, m/w, t/f, o/a. Ou celles, nettement plus graves, dans l'*ordre* des lettres de la syllabe: par/pra, cri/ric, fir/fri. Ces inversions vont gêner sérieusement l'accès de l'enfant à la compréhension et inévitablement s'ancrer et devenir de plus en plus difficiles à corriger. Le temps compte: plus le cerveau recevra de messages confus, plus il aura du mal à enregistrer le bon message quand on décidera d'intervenir.

À quoi sont dues ces inversions? Quel processus est

en cause ici? Il ne s'agit peut-être que d'une mauvaise habitude, comme je l'ai parfois observé, mais comment savoir? S'il vous suffit d'attirer l'attention de l'enfant sur son erreur, de le rappeler à l'ordre chaque fois que l'erreur se produit pour que le mal disparaisse en quelques semaines, rassurez-vous: il s'agit bien d'une mauvaise habitude. Les problèmes sérieux vont demander beaucoup plus que cela. Il faudra y regarder de plus près. C'est comme la toux qui persiste après quelques jours de sirop «efficace contre la toux»! Pour soigner cette toux persistante, le médecin va vouloir en identifier la cause. Pour les inversions aussi, il faut, dans toute la mesure du possible, identifier la cause exacte pour adopter la solution qui convient.

On associe généralement les inversions à des troubles d'orientation spatiale; c'est très souvent en effet à ce niveau que se situe l'origine du problème. Cependant il faudrait, du moins dans certains cas, envisager aussi la possibilité que certains troubles de la perception visuelle puissent entraîner l'inversion. Pour ma part, quand je cherche la cause possible des inversions, je vérifie toujours d'abord et avant tout la perception visuelle. L'enfant *voit-il* bien? Avec tout ce que *voir* implique.

Son oeil a-t-il acquis la maturité voulue pour la poursuite oculaire que requiert la lecture de gauche à droite en un mouvement continu? Première chose à vérifier: l'*acuité* visuelle. Premier spécialiste à consulter: l'optométriste qui pourra aussi nous éclairer quant à la qualité de la poursuite oculaire et de l'attention visuelle de l'enfant. Si la vision est déclarée normale, nous devrons vérifier la *discrimination* visuelle. Est-ce que l'enfant *voit* cette *différence* entre la «boule» du (b) tournée d'un côté et celle du (d) tournée de l'autre? Pour le savoir, on lui demandera donc de nous dire ce qui diffère entre deux objets très semblables, prenant soin de choisir des objets «non menaçants», c'est-à-dire dont la différence n'est pas déterminée par un axe central (autrement on introduirait des éléments d'orientation spatiale qui viendraient brouiller les cartes).

Exemple:

L'enfant qui ne voit pas les différences entre ces dessins a besoin de stimulation au niveau de la discrimination visuelle: apprendre à observer des choses très semblables, point par point, à discerner ce qui n'est pas pareil entre deux objets.

Pour aider cet enfant, on n'a pas nécessairement besoin de matériel sophistiqué. Les jeux «Cherchez l'erreur», par exemple, qui apparaissent fréquemment dans les journaux, revues et magazines font très bien l'affaire. Il existe également sur le marché des cahiers de jeux pour enfants du type «Préparez votre enfant pour l'école», «Jeux de prélecture», etc. Ces jeux sont disponibles un peu partout dans les grands magasins, les librairies et même les pharmacies. On y trouve une grande variété d'exercices qui font appel au sens de l'observation de l'enfant, qui ont l'avantage de

86

ne pas coûter cher et... de ne pas trop ressembler à l'école! Dans certains cas, c'est un atout! Rappelons que ces exercices, pour être profitables, doivent s'accompagner d'un constant feed-back de l'adulte (analyser la performance avec l'enfant, trouver avec lui comment on s'y prend, où il y a eu erreur, etc.). Il faut donc prendre le temps de s'asseoir à côté de l'enfant, le regarder travailler, demeurer en interaction avec lui. Sans quoi, devant la difficulté de l'exercice ou une performance plus ou moins satisfaisante, il démissionnera et n'aura rien appris.

Je me rappelle aussi un petit jeu innocent du temps de mon enfance. Peut-être saura-t-il encore intéresser les jeunes d'aujourd'hui, même à l'époque des jeux vidéo. Quand nous allions en auto, mes frères et moi, nous faisions des «concours»: celui qui comptera le plus d'autos de telle ou telle couleur, de telle ou telle marque, le plus d'annonces d'aliments, de vêtements, le plus de noms de rues commençant par telle lettre, etc. Cela nous forçait à observer beaucoup de détails autour de nous. Il y a d'infinies possibilités d'exercices de ce genre autour de nous dans les situations de la vie courante.

On se rappellera enfin au chapitre de la perception visuelle le rôle de la mémoire séquentielle, fonction qui nous permet de rappeler certaines informations visuelles dans l'ordre où elles nous ont été présentées. L'enfant qui voit les différences entre telle et telle lettre, tel et tel mot, doit remiser ces informations dans sa mémoire dans un ordre donné pour pouvoir, par exemple, se corriger quand il se relit. Ainsi, s'il lit:

«il suffit de garter du bout de l'ongle»
au lieu de:
«il suffit de gratter...»,

il lui sera possible de se corriger parce qu'il se rappelle avoir lu «gra» et non «gar» pour ce mot que le sens suggère dans la phrase. Signalons ici que cela suppose que l'enfant cherche effectivement un sens à la phrase qu'il lit. L'autocorrection de ses erreurs en lecture, mécanisme extrêmement important, repose sur plusieurs processus et fonctions, dont la mémoire séquentielle, opérant simultanément. Mais c'est surtout pour pouvoir par la suite écrire correctement ces mots qu'il a lus que l'enfant doit les remiser en mémoire en respectant la séquence, l'ordre d'écoulement des lettres. On voit ici le lien entre la lecture et l'orthographe.

À supposer que l'examen (par l'optométriste et l'orthopédagogue) de la discrimination visuelle n'ait décelé aucun problème particulier, il faudra chercher du côté de la perception spatiale. Il est évident que l'enfant mal latéralisé (on se reportera si nécessaire au chapitre précédent) aura du mal à analyser les subtiles caractéristiques qui distinguent les lettres les unes des autres: la «boule» est-elle à gauche ou à droite de la barre? Est-ce «ouvert» en haut ou en bas? Y a-t-il deux ou trois «pattes»? Comme l'enfant a peine à s'orienter dans le «grand espace» qui l'entoure, il va de soi qu'il n'y arrivera pas dans le «petit espace» que constitue la page de lecture. Ou bien il ne se souviendra pas très bien de quel côté doit s'orienter telle ou telle lettre. Ou bien il aura tendance à bousculer l'ordre dans lequel les lettres se présentent: le «o» vient-il avant ou après le «p» dans «porte»?

Nous disposons d'une bonne gamme de tests, jeux et exercices pour vérifier la perception spatiale chez l'enfant. Pour la plupart, il s'agit de dessins assez semblables, mais dont les différences, cette fois (par opposition au matériel suggéré précédemment pour l'examen de la discrimination visuelle), sont bel et bien déterminées par un axe central, comme celui-ci par exemple:

Pour déterminer les différences entre des dessins de ce type, l'enfant doit avoir bien intériorisé les notions gauche/droite, avoir une bonne conscience de *sa* gauche et de *sa* droite, de ce qui est à gauche de lui, devant et autour de lui et de ce qui est la gauche des autres. Il doit être bien latéralisé, c'est-à-dire avoir bien établi sa dominance latérale.

De plus, en lecture, il doit pouvoir s'orienter dans l'espace, diriger son oeil de gauche à droite sur la page de lecture ou d'écriture ou au tableau (ce qu'on appelle la coordination visuomotrice) et enfin reconnaître l'orientation de certaines lignes, de certaines lettres vers la gauche ou vers la droite, vers le haut ou vers le bas.

Il existe sur le marché beaucoup de matériel susceptible de stimuler les habiletés spatiales de l'enfant qui accuse une certaine immaturité à ce niveau. Des programmes parfois assez sophistiqués et coûteux. Ces programmes ont de grands mérites mais ne sont pas toujours faciles d'application à la maison. J'utilise, du moins dans le cas de problèmes légers, un moyen tout simple: un point de repère sur l'enfant lui-même, comme une bague à la main droite, par exemple. «Ta main droite, c'est celle de ta bague. Ton oeil droit, ton pied droit, etc., ils sont du même côté que la main de ta bague. Regarde.» Et pour quelque temps, on ne change pas la bague de main!!! Et on ne rate pas une occasion de se référer à la droite. «Apporte-moi le livre qui est sur la table, à droite de la lampe. Tu sais, la droite, c'est le côté de ta bague.» En mettant la table: «le couteau à droite de l'assiette, etc.» Dans la rue: «et on tourne à droite, du côté de ta bague.» Puis, plus tard, on parlera de la gauche comme de «l'autre» côté.

Une fois bien latéralisé sur lui-même, l'enfant doit prendre conscience de ce qu'est la droite des autres personnes. C'est ce qu'on appelle souvent la latéralisation en miroir, sur autrui. Il faut démontrer ce phénomène de façon bien concrète à l'enfant, en tout cas à celui qui éprouve des difficultés de latéralisation. Pour ce faire, un truc des plus simples: deux points de repère de couleurs différentes sur le plancher. Position de départ: l'enfant fait face à l'adulte. «Montre-moi ta main droite. Lève-la. Tu vois, ta main droite est du côté du cercle rouge sur le plancher.» Tenant la main levée de l'enfant, sans bouger soi-même, on fait pivoter l'enfant sur lui-même de façon qu'il vienne à tourner le dos à l'adulte. «De quel côté est ta main droite maintenant? Ah! Du côté du cercle vert! Que s'est-il passé? As-tu changé de main? Le cercle a-t-il changé de place?» Et on explique que, face à face, la main droite de l'autre personne *a l'air* d'être de l'autre côté, mais «tu l'as vu toi-même, ta main n'a pas changé de côté sur ton corps». Puis on renverse les rôles: ce sera au tour de l'adulte de lever la main, de pivoter devant l'enfant, etc. Inutile de préciser que tout ceci peut paraître bien complexe à certains enfants qui ont du mal à s'orienter dans l'espace. Il faudra donc répéter l'expérience *plusieurs fois* avant que la notion gauche-droite sur autrui soit bien intégrée. Ce n'est qu'après cette première étape franchie au niveau du vécu très concret de l'enfant qu'on pourra aborder des exercices de type plus académique.

Car, à ce stade, l'enfant possède les habiletés qui devraient lui permettre de mieux s'orienter sur la page de lecture. Il a besoin essentiellement de repères. Pour les inversions de lettres à formes semblables (ex.: b/d, p/q, u/n, m/w, etc.), les repères seront visuels et verbaux. On analysera la différence entre telle ou telle lettre et on en discutera.

«Bon, voilà, je te trace un beau gros «b» au tableau. Tu vois, ça, c'est «b». Dans quels mots entends-tu ce son «b»? (Bien noter le premier mot que l'enfant suggère: c'est habituellement le plus significatif pour lui. On en aura besoin plus tard.) Bon! Alors voilà un «b» comme dans: bébé, bonbon, bâton, etc. Maintenant je trace un «d». Dis-moi dans quels mots on peut entendre «d». Alors, on a maintenant un «d» comme dans: danse, Denise, drapeau, etc. Maintenant, tu vas bien regarder ce «b» et ce «d» au tableau et tu vas me dire ce qu'ils ont de «pareil». Bon! Ils ont tous les deux une barre et une boule. Mais ils ne sont pas tout à fait pareils. Quelle différence vois-tu entre les deux? Ah! oui, il y a une lettre qui a une boule à gauche et l'autre, à droite. Bien. C'est difficile, des fois, de bien se souvenir de quel côté va le «b» et de quel côté va le «d». Alors, pour les démêler, on va en prendre une qu'on va apprendre à très bien reconnaître. Prenons le «b» par exemple. De quel côté est sa boule? Ah! alors pour le «b», comme dans «bébé» (le mot clé de tantôt), la boule est à droite, de ce côté-là (le geste accompagne le mot). Je vais t'écrire «bébé» sur un petit carton (et si on en a le talent, on dessine un bébé) et, chaque fois que tu vas rencontrer ces lettres que tu mélanges, tu vas regarder ton petit carton et te demander: est-ce que c'est le même son que dans «bébé» que je vois sur mon carton? Si oui, tu lis «b», sinon, c'est «l'autre». L'autre son est de l'autre côté.»

Que suppose cette démarche? Identifier son problème à l'enfant: des fois, c'est difficile... Faire avec lui l'analyse des caractéristiques des lettres en question: le pareil et le différent. Mettre des mots qu'il puisse comprendre sur le phénomène. Vérifier la correction phonétique, la discrimination auditive: dans quels mots entends-tu... Consolider l'association son-lettre: je t'écris le mot «bébé». Donner un repère visuel significatif: un mot-clé choisi par l'enfant qu'on écrit correctement pour lui. Isoler les deux difficultés l'une de l'autre: ça, c'est «b», ça, c'est «l'autre». Surtout, surtout, en combinant les modalités visuelle, auditive et verbale, offrir à l'enfant plusieurs possibilités de choix pour ancrer ses apprentissages. Il reste maintenant à lui montrer à bien utiliser sa béquille le temps voulu pour venir à bout du problème, et aussi souvent que possible, surtout dans les premiers jours.

Ces techniques, utilisées systématiquement, en respectant le rythme d'acquisition de l'enfant, donnent habituellement de très bons résultats dans la correction des inversions dans la forme des lettres. Cependant l'inversion dans l'ordre des lettres (ex.: «grade» au lieu de «garde») requerra des mesures différentes.

Divers moyens sont utilisés dans les écoles pour corriger les inversions chez un enfant, les uns très efficaces, les autres, moins. Quant à moi, depuis près de quinze ans, j'utilise, avec un succès quasi infaillible, la même technique toute simple. Je ne me souviens que de deux enfants avec qui cela n'a pas marché. C'est la technique du «cache», une technique préconisée par plusieurs rééducatrices en Europe, mais malheureusement peu populaire chez nous.

Matériel: un carton au milieu duquel on perce une fenêtre, ou des languettes de papier ou des bâtonnets (je prends des bâtons de «popsicle»!) qu'on glisse sur le texte au fur et à mesure que l'enfant lit. Il s'agit d'isoler l'ensemble, l'unité de lecture que l'enfant doit lire (mot, groupe de mots, partie de phrase selon ses habiletés). On «dévoile» le mot syllabe par syllabe en glissant le «cache» de gauche à droite. Mais attention! Attention! Il est de la plus haute importance d'entraîner l'enfant à lire *le/les mot(s) et non des syllabes*. Donc, au fur et à mesure qu'on glisse sur les syllabes, on demande à l'enfant de «les garder dans sa tête et de les dire, en une seule émission de voix, seulement quand le «cache cessera de glisser». On ne veut surtout pas créer l'habitude de lecture syllabique dont il sera question un peu plus loin dans ce chapitre.

La technique du «cache» a l'avantage d'offrir à l'enfant qui ne sait pas bien se situer sur la page de lecture une unité de lecture très réduite sur laquelle porter son attention. En fait, on entraîne le cerveau à centrer son attention sur le bon stimulus et, de plus, à parcourir le texte de gauche à droite en respectant l'ordre d'écoulement des sons, corrigeant ainsi la tendance à bousculer l'ordre des lettres.

On utilisera le «cache» tant et aussi longtemps que l'enfant en aura besoin et, n'ayez crainte, quand il atteindra ce point final, l'enfant saura très bien nous l'indiquer.

Les confusions phonétiques

L'enfant confond des sons qui se ressemblent.

Ex.: *au lieu de lire:*   *il lit:*

faire	vaire
dort	tort
poire	boire
gui	qui

Causes possibles	
perception auditive —	acuité, attention, discrimination, mémoire séquentielle
articulation/prononciation	
intégration auditivo-visuelle	

Toujours les questions de base! L'enfant *entend-il* bien? Prononce-t-il correctement? A-t-il fait un lien clair entre tel son et telle lettre? La nature de confusions telles que celles présentées ci-haut exige qu'on vérifie si l'enfant entend la différence entre ces sons qu'il mêle. L'examen phonétique (du type suggéré par Mme Borel-Maisonny) devrait nous mettre sur la piste. Dans ce genre d'examen, l'enfant doit répéter une série de mots sans signification. Il a devant lui une carte où sont présentées les lettres correspondant aux sons qu'il va entendre et avoir à répéter. Il doit, après avoir répété les syllabes en question, montrer sur cette carte à quel symbole graphique correspond ce son qu'il vient de prononcer. On commence avec des mots d'une syllabe, puis on poursuit avec d'autres de deux et trois syllabes. Grâce à cet examen on peut observer plusieurs sons semblables aisément confondus par les enfants: s/z, ch/j, f/v, b/d, d/t, etc.

Si l'enfant répète bien les sons qu'on lui présente (prononciation correcte), on peut supposer qu'il les entend bien (acuité auditive) et qu'il les distingue bien (discrimination auditive). S'il répète bien des mots d'une ou deux syllabes, mais ne peut répéter des mots de trois ou quatre syllabes, il entend peut-être bien, mais il a du mal à retenir une séquence auditive plus longue (mémoire auditive séquentielle, c'est-à-dire la capacité de retenir les sons entendus dans l'ordre où on les a entendus). C'est différent. S'il répète bien les syllabes, mais qu'il ne peut montrer la lettre qui correspond à chaque son (ex.: il répète «far», mais montre «v» au lieu de «f»), c'est que le problème se situe au plan de l'association son-lettre (intégration auditivo-visuelle: intégrer des informations reçues simultanément sur le plan auditif et sur le plan visuel). Il va de soi que chacun de ces problèmes exigera une solution différente.

Dans chaque cas où la répétition de plusieurs syllabes est incorrecte, l'enfant doit être envoyé chez l'audiologiste, le spécialiste qui va vérifier le degré de sensibilité de l'oreille à divers sons. Il est de la plus haute importance, avant d'entreprendre une rééducation de la discrimination auditive, de savoir s'il y a ou non perte de l'audition chez un enfant. Le choix des moyens d'intervention en dépend.

Malgré toutes ces précautions, on continue de voir des enfants qui reviennent de chez l'audiologiste avec un audiogramme (tableau graphique illustrant la sensibilité de l'oreille aux sons) tout à fait normal et qui n'en continuent pas moins d'avoir des difficultés extrêmes à distinguer des sons semblables, même si on les aide intensivement. Ce phénomène est particulièrement remarquable chez les enfants qui ont souffert d'otites répétées. Si l'examen audiologique ne cerne pas cette situation, serait-ce que les conditions d'administration dudit examen (cabine insonorisée, casque d'écoute, etc.) ne reproduisent pas les conditions d'écoute dans lesquelles se trouve l'enfant en classe? Je me suis souvent posé la question. Je n'ai toujours pas de réponse satisfaisante.

On rencontre souvent des enfants qui ont une acuité auditive tout à fait normale, qui n'accusent aucune perte auditive, mais qui présentent des problèmes d'attention et de discrimination auditives. Il faut se demander si, dans notre monde de surstimulation sonore, nous ne fabriquons pas ces problèmes de toutes pièces. Très souvent on parle aux enfants dans le bruit, sans même s'assurer qu'ils nous écoutent. Et on répète! J'ai un jour recueilli cette «perle» de sagesse d'un auteur anonyme:

«Si vous avez répété cent fois la même chose à un enfant et qu'il ne comprend toujours pas, ce n'est pas l'enfant qui met du temps à apprendre...»

Cent fois, c'est beaucoup! Trois ou quatre aussi... Pourquoi l'enfant ferait-il attention la première fois qu'on lui parle s'il sait qu'on va répéter de toute façon? Il s'occupe de ce qu'on dit quand, et seulement quand, «ça devient sérieux». On élève la voix, on s'impatiente: il sait que, là, il faut qu'il écoute. Première règle pour entraîner l'attention auditive: ne parler que si on a l'attention de l'enfant. Cela demande parfois qu'on apporte des corrections à l'environnement afin de favoriser une écoute réelle! Deuxième règle: dire peu de choses à la fois (surtout au début), mais «pratiquer» l'écoute souvent. Troisième règle: ne pas répéter. Si l'enfant n'a pas écouté, il devra en assumer les conséquences: être privé d'une gratification quelconque. Cela exigera de commencer avec des consignes importantes pour l'enfant, qui comportent une issue attrayante pour lui. Il en sera d'autant plus motivé à écouter.

Avant d'écouter les consignes, peut-être devrait-on lui apprendre à écouter les bruits autour de lui? En lui? Le bruit de son coeur qui bat. Le bruit de sa respiration. Le bruit de notre salive qui descend dans le gosier. Quand on demande à un enfant de s'étendre sur le sol, de relâcher les tensions dans ses membres, de fermer les yeux et d'écouter les bruits de l'environnement, il commence par remarquer les «gros» bruits: une porte qui claque, la sirène de l'ambulance, les klaxons des autos, etc. Mais si on prolonge l'exercice, il en vient peu à peu à entendre le bruit du plancher qui craque dans la pièce voisine, le pas de quelqu'un qui passe, un chat qui miaule au loin, etc. Peut-être pourra-t-il même remarquer un court instant de silence quasi complet? Ce faisant, il apprend ce qu'est l'attention auditive. Si on lui demande en plus de qualifier ces bruits (doux, aigu, long, court, intense, bref, etc.), il développe la discrimination auditive dont il aura besoin pour bien entendre, par exemple, la différence entre un «f» et un «v».

À ce stade, on lui demandera dans quels mots il entend le son «f» et il faudra, comme il a été mentionné plus tôt pour la correction des inversions de lettres à formes semblables, noter quel mot lui vient spontanément à l'esprit. D'ailleurs, on poursuit ici une démarche très semblable à celle qui a déjà été présentée pour les inversions, mais, cette fois, sur le plan auditif:

- un mot clé (ex.: «f» comme dans «feu»);
- l'identification des différences («entends-tu le «f» de «feu» dans: fenêtre, cheval, fée, vache, lavabo, final, etc.);
- un repère visuel: sur un carton, le dessin d'un feu;
- l'intégration auditivo-visuelle: j'entends «f» comme dans «feu»;
- l'association son-lettre: sur un autre carton juste à côté, la lettre «f» tracée clairement;
- l'isolation des difficultés «f/v»: non, dans «cheval», c'est «l'autre» que j'entends.

Les exercices de discrimination auditive porteront d'abord sur des mots où le son à corriger se trouve en position initiale (ex.: feu, fenêtre, fée, fâché), puis sur des mots où le son est en position médiane (ex.: café, confiture, chiffre) et finalement en position finale (ex.: bref, golf, oeuf). Une fois que l'enfant aura appris à bien prononcer le son en question, à le reconnaître dans des mots d'usage courant, à l'associer à la bonne lettre, on pourra transposer cette démarche du plan auditivo-verbal au plan de la lecture.

On objectera qu'il est très long de rééduquer ainsi, son par son, un enfant qui confond à peu près tous les sons qu'il est possible de confondre: f/v, s/z, ch/j, d/t, p/b, etc. Ce à quoi je réponds qu'il faut parfois savoir perdre du temps pour en gagner. À la longue, seul le travail de rééducation bien fait, de façon rationnelle, systématique, guidé par les progrès et le rythme de l'enfant, donnera des résultats en profondeur.

Pour entraîner l'attention et la mémoire auditives, j'utilise souvent avec les enfants un jeu que j'appelle «la chaîne auditive». On peut jouer à deux ou trois à la fois. Le premier joueur dit deux mots (ex.: chapeau, plancher); le deuxième doit répéter les mots dans l'ordre et en ajouter un (ex.: chapeau, plancher, brosse); et on continue ainsi en répétant toujours les mots dans l'ordre et en en faisant ajouter un par chaque joueur. Attention! On ne peut pas allonger cette chaîne à l'infini! Mais ce qu'on note habituellement, c'est que cet exercice répété une fois ou deux par jour donne très vite des résultats: on passe de trois ou quatre mots bien répétés à six ou sept, huit ou neuf; ce sont là des gains énormes.

Les confusions visuelles

Ex.: *au lieu de lire:*   *l'enfant lit:*
    tond   fond
    hante   nante
    au   ou

Causes possibles

discrimination visuelle
mauvaises habitudes d'écriture
fonction symbolique

Ces fautes de lecture surprennent toujours. Ce ne sont pas vraiment des inversions comme dans le cas où l'enfant lirait «haute» au lieu de «hante», transformant le «n» en «u». Il n'y a pas vraiment de voisinage phonétique comme dans «gui/qui» où les sons sont très semblables (en plus d'avoir des similitudes graphiques). Mais alors que se passe-t-il? Comment un enfant en arrive-t-il à confondre un «f» avec un «t»? Parfois simplement parce qu'il trace mal ses lettres. Si, lorsqu'il a appris à tracer son «f» et son «t», on n'a pas attiré son attention sur la différence entre ces deux lettres (la barre du «t» tourne dans le bas alors que celle du «f» tourne dans le haut) et, en plus, on l'a laissé tracer ces lettres «à peu près comme il faut», il en vient à les confondre.

Il en va de même pour les «h/n». Si on laisse l'enfant tracer le trait vertical qui amorce chaque lettre ou bien trop long (pour le «n») ou bien trop court (pour le «h»), on ne doit pas s'étonner qu'il en vienne à confondre les deux lettres. Et si on laisse tracer des «a» et des «o» de façon un peu trop floue, on aura là aussi des confusions visuelles, faciles à corriger par ailleurs.

Il faut revenir à plus de rigueur à propos de la calligraphie (art de former des lettres): poser des exigences et les maintenir fermement. Encore une fois, en mettant des mots sur la démarche de correction: identifier le problème, analyser la difficulté, donner des points de repère.

Mais ces confusions pourraient être dues aussi à une mauvaise discrimination visuelle: difficulté à percevoir les détails dans la forme des lettres. Je ne reviendrai pas ici sur la démarche d'évaluation et de correction de ces difficultés puisqu'il en a été question plus tôt lorsque nous avons traité du sujet des inversions. On se reportera donc à cette section en faisant les ajustements nécessaires.

En terminant, je dirai à propos des confusions visuelles juste un mot sur la difficulté qu'ont certains enfants à reconnaître le caractère d'unicité de chaque lettre. J'entends parfois dire par certaines enseignantes de première année: «On dirait qu'il a pas encore compris qu'un «m» ça reste un «m», peu importe où ça se trouve.» On a l'impression, avec ces enfants, que les lettres changent de nom selon leur fantaisie, selon le moment. Voici, par exemple, le cas de Guy avec qui j'amorçais une rééducation de lecture. Nous étions en novembre dans une première année. Nous travaillions avec tout juste deux consonnes et quatre voyelles à la fois. Guy devait lire la syllabe «fi», par exemple, présentée quatre fois sur la même page de lecture avec deux ou trois autres syllabes. Il lisait:

«fo»; «la»; «li» ou «fil»!

Avouez qu'au premier coup d'oeil c'est assez désespérant! Nous avons repris, recommencé, répété et... attendu. Puis, un jour, sans qu'il se soit rien passé de particulier, c'est arrivé! J'ai eu l'impression très nette que Guy venait de comprendre qu'une lettre ne change pas de nom chaque fois qu'on la lit.

Ce jour-là, il a lu correctement, malgré certaines hésitations, toutes les syllabes. Et, peu de temps après, nous avons introduit d'autres sons sans difficulté et il a continué à progresser à son rythme, lent mais sûr.

En fouillant l'histoire du développement de cet enfant, on pouvait toutefois noter une certaine lenteur dans l'apparition du langage, une difficulté nette à nommer les choses et objets de son environnement immédiat. La mère disait qu'il avait eu longtemps «son petit langage à lui tout seul».

Que fait-on avec un enfant qui prend tant de temps à reconnaître la valeur des lettres? C'est Piaget qui a dit qu'on ne pouvait bousculer le processus de maturation chez un enfant. On peut tout juste s'efforcer d'offrir la stimulation la meilleure qui soit pour l'aider dans son propre développement. Ce peut être très éprouvant pour la patience de l'éducateur, mais a-t-on le choix? La stimulation, ici, ce sera un matériel simplifié, toujours présenté de la même façon, bien ordonné, dépouillé de détails inutiles jusqu'à ce que le déclic se produise chez l'enfant.

La lecture syllabique

L'enfant coupe le mot en syllabes, parfois de façon incorrecte.

Ex.: *au lieu de lire:*   *il lit:*
Ce matin, Julie a fait   Ce ma tin, Ju lie a fa-it
une promenade.   une pro men a de.

Causes possibles

mauvaise habitude
stratégies de décodage mal rodées
matériel de lecture trop sophistiqué

La lecture syllabique, c'est le type de lecture où l'enfant hache, découpe les mots en syllabes dès que ceux-ci lui paraissent un peu plus longs (trois ou quatre syllabes par exemple), moins familiers ou plus difficiles que d'ordinaire. Voilà un type de lecture qui agace tout le monde. Il faut entendre les soupirs d'ennui, les grognements d'impatience quand, dans une classe, un enfant qui lit de cette manière doit lire devant ses compagnons. Il est vrai que cela fait une lecture particulièrement ennuyeuse à écouter, mais il y a plus sérieux à considérer. Il se peut que cela soit simplement une mauvaise habitude que l'on ait laissée s'installer. Mais cela constitue souvent une très claire manifestation du manque de compétence de l'enfant en matière de décodage et qui, de plus, affecte considérablement la compréhension du texte. L'enfant a tellement de mal à décoder le message que toute son énergie mentale passe justement au décodage sans qu'il puisse s'arrêter au sens du texte. Il faut alors identifier clairement les sons que l'enfant ne maîtrise pas bien, les réviser systématiquement, réduire le niveau de difficulté des textes de lecture pour donner à l'enfant le temps de bien assimiler le code de lecture.

101

D'autre part, on doit entraîner l'enfant à analyser le mot «dans sa tête» et à l'énoncer en un seul coup de voix, comme il en a déjà été question plus tôt en discutant de l'emploi du «cache».

Pour remédier à cette situation, il faudra d'abord et avant tout attirer l'attention de l'enfant sur ce qu'on veut corriger, lui montrer clairement ce qu'on entend par «lecture syllabique» et lui annoncer, non moins clairement, que ce type de lecture ne sera plus toléré. Il faudra lui rappeler de lire le mot «dans sa tête» avant de le dire à haute voix «en un seul coup de voix». Comme quand on parle quoi! Il ne faut pas hésiter d'ailleurs à faire voir le lien entre la langue écrite et la langue parlée. On ne parle pas par mots entrecoupés, par syllabes? Donc, on ne lit pas non plus par mots entrecoupés ou par syllabes. Cela n'est pas toujours évident pour un enfant.

Quant aux problèmes qui surgissent d'un matériel mal adapté au niveau de compétence de l'enfant, la solution me paraît si évidente qu'il est presque superflu de la dire: simplifier le matériel, voilà tout. Qu'il s'agisse de la compétence de décodage de l'enfant ou du niveau de vocabulaire utilisé dans le texte, c'est la même chose. Beaucoup, beaucoup trop de manuels de lecture aujourd'hui sur le marché, dûment approuvés par le ministère de l'Éducation, offrent aux enfants des textes dont le niveau de difficulté «saute des étapes», qu'il s'agisse des difficultés de décodage qu'ils comportent ou de la difficulté des sujets qu'ils abordent.

Je pense au père d'un de mes étudiants qui, en attendant son fils dans ma salle d'attente, avait feuilleté le livre de lecture qu'un autre enfant avait oublié sur la table. Après ma session de rééducation avec son fils, il m'avait accueillie en me demandant si je savais la différence entre «le commensalisme et le mutualisme». Nous ne le savions ni l'un ni l'autre. Il avait repéré, dans le livre en question, un livre de cinquième année élémentaire approuvé par le M.É.Q., un texte sur le commensalisme et le mutualisme! Quelques pages plus loin, on parlait (toujours à des enfants de cinquième année!) de «l'équilibre des potentiels de destruction»! Je ne doute pas que certains enfants aient, même en cinquième année, atteint la maturité nécessaire pour aborder de telles questions. Je doute cependant que ce soit là la majorité. Il existe pourtant des formules scientifiques, faciles d'application, pour mesurer l'indice de lisibilité et d'intelligibilité des manuels en usage dans les écoles.

Il est clair que de tels textes seront difficiles pour *tous* les enfants, à plus forte raison pour ceux qui se trouvent aux prises avec des problèmes d'apprentissage de la lecture. Pour ces derniers, il faudra nécessairement intervenir et ramener le calibre des textes à lire à un niveau de difficulté qui leur soit accessible.

Le débit trop lent

L'enfant lit un texte beaucoup plus lentement que les autres enfants de son âge.

Causes possibles

manque d'assurance
stratégies de décodage mal intégrées

De même qu'on ne court pas le Marathon de Montréal après quelques jours de jogging, on ne lit pas, du jour au lendemain, 1200 mots à la minute, comme le faisait le Président Kennedy.

Il existe des échelles, plus ou moins fiables d'ailleurs, qui donnent une idée du nombre de mots qu'un enfant de tel ou tel niveau devrait lire à la minute. Juste à titre de guide, mentionnons ici qu'un enfant en début de deuxième année *devrait* lire (texte suivi) de 30 à 50 mots à la minute; celui de quatrième année, de 85 à 110 mots à la minute; en fin du cours élémentaire, environ 125 à 150 mots à la minute, alors que la plupart d'entre nous, adultes, lisons de 250 à 300 mots à la minute. Le rythme de lecture dépend, d'une part, de la compétence du lecteur, bien sûr, mais aussi du degré de difficulté du texte, de la familiarité du lecteur avec le sujet traité, de sa fatigue, de son intérêt, etc.

L'enfant qui lit beaucoup plus lentement que les autres enfants de son groupe-classe très probablement n'a pas confiance en ses techniques de décodage. Il a peur de se tromper. Il n'est pas sûr de ce qu'il lit. Il y a fort à parier qu'il a de bonnes raisons de manquer d'assurance et il a sans doute besoin de consolider ses stratégies de décodage. On a déjà dit ici beaucoup de choses sur l'importance de stratégies efficaces pour déchiffrer rapidement le code de lecture. On se reportera donc à ces passages antérieurs.

Au-delà des techniques de lecture, il y a aussi les états affectifs dont on a parlé à la fin du chapitre précédent, c'est-à-dire toutes ces émotions que l'enfant porte en lui au moment de l'apprentissage. On se souviendra de l'impact d'une saine image de soi dans l'apprentissage. Or, l'enfant qui, de façon générale, manque d'assurance, de confiance en lui, en ses moyens, en ses capacités va nécessairement aborder la tâche de lecture avec appréhension, ne croyant pas en sa propre réussite. Pour cet enfant, les techniques de lecture, le rodage des stratégies de décodage ne suffiront pas à régler le problème: il faudra investir dans la revalorisation de l'enfant à ses propres yeux. Lui redonner confiance en lui dans d'autres domaines afin qu'il puisse avoir la même confiance dans son apprentissage de la lecture.

L'enfant qui lit très lentement perd probablement le sens de ce qu'il lit et... sa motivation. Vraisemblablement s'il doit répondre par écrit à des questions qu'il lit seul, il ne terminera pas en même temps que les autres. Combien d'enfants perdent ainsi des points précieux dans leurs examens faute de temps pour finir leur travail alors qu'ils maîtrisent leur sujet? Un bon moyen de contourner cette difficulté, c'est de suggérer à l'enfant de lire ses questions *avant* de lire le texte. Il se met ainsi sur la piste de réponses qu'il pourra repérer plus rapidement par la suite. Autant de temps sauvé!

Si l'enfant a besoin de tant de temps pour lire, c'est qu'il doit encore roder quelque peu ses habiletés de décodage. La solution n'est pas plaisante: il doit lire plus pour arriver à lire mieux et *plus* vite. Et ce, *tous les jours*. Très rigoureusement. Cela n'est pas plaisant parce que, s'il a des difficultés, l'enfant n'aime probablement pas trop lire. On se tient loin de ce qui fait mal, n'est-ce pas? Il faudra user de beaucoup de subtilité pour convaincre cet enfant de lire. En lui promettant quelque récompense, peut-être? Pourquoi pas? Mais attention: cet exercice de lecture silencieuse quotidienne ne doit pas se transformer en torture mentale! Peu de temps à la fois, mais très régulièrement. Cinq minutes par jour, sept jours par semaine, de gaieté de coeur (?), valent mieux que vingt minutes, ici ou là, en grinçant des dents. Et pour encourager l'enfant dans ses efforts et lui en montrer le fruit, rien de mieux à mon avis que de tenir compte de sa performance sur un graphique. Une fois par semaine, par exemple, lorsque l'enfant s'installe avec son livre pour sa période de lecture silencieuse quotidienne, on va mesurer son rythme de lecture. On le laisse commencer sa lecture en prenant soin qu'il ait un crayon à portée de la main. Après une ou deux minutes, on lui indique de faire un trait dans son texte là où il en est et de poursuivre sa lecture. On compte dès lors une minute au chronomètre ou à la minuterie de la cuisinière. Au bout de cette minute, on lui indique de faire un nouveau trait dans le texte et de continuer sa lecture. Quand il a fini de lire, on compte combien de mots il a lus pendant la minute chronométrée et on inscrit ces résultats sur un graphique de ce genre:

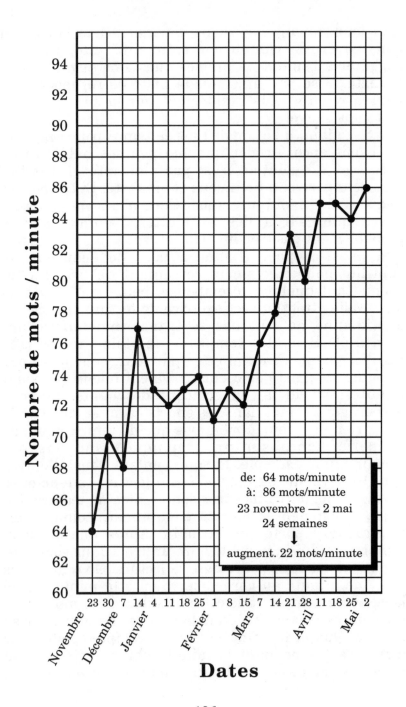

Ce graphique n'est pas exceptionnel: pour peu que l'enfant s'astreigne à la discipline très stricte de la lecture quotidienne, les progrès se font voir *très rapidement*. L'enfant se trouve encouragé et, la plupart du temps, le problème de motiver cet enfant à lire chaque jour se trouve résolu.

Mais en attendant qu'il atteigne son «rythme de croisière», l'enfant qui lit plus lentement que les autres aura besoin d'ajustements en classe: moins de travail ou plus de temps pour le faire. Le tout sans pénaliser l'enfant qui a besoin comme les autres, peut-être plus que les autres compte tenu de ses tensions, du temps de récréation et d'activités plaisantes. Ce n'est pas toujours facile de négocier cela avec l'école, mais il faut essayer.

Problèmes de compréhension

Nous avons révisé, au chapitre 2, les divers processus intervenant dans la lecture, c'est-à-dire les fonctions neurologiques et cognitives qui permettent à l'enfant (... et à l'adulte!) de lire. Traditionnellement la pédagogie parlait d'habiletés de décodage et d'habiletés de compréhension en lecture. Cependant la recherche récente en éducation a permis de préciser cette conception de l'acte de lecture et on se réfère maintenant aux quatre opérations conduisant à la compréhension du texte. Comme nous nous apprêtons à discuter des problèmes de compréhension en lecture, il m'apparaît important de faire ci-après un très bref résumé de ces notions et de les mettre en relation avec le tableau des processus de lecture déjà présenté.

Opérations	Processus
l'anticipation	
– le lecteur se fait une idée du contenu du texte qu'il va lire soit parce qu'on lui en a parlé, soit parce qu'il a feuilleté le livre ou sa table des matières, soit par la lecture des premières lignes ou des premières pages; il prend certaines dispositions qui vont lui faciliter la compréhension du texte;	– expérience: directe/indirecte – langage: symbolique – pensée: organisation – comportement: motivation affectivité
la prise d'indices	
– il aborde le message écrit en le décodant, en accordant leur valeur réelle à ces symboles graphiques qui se présentent sur la page de lecture; c'est l'aspect décodage; dès lors, il s'attache à donner du sens à ces mots décodés, cherchant dans son expérience passée (divers types de mémoire concernés ici) quelque lien avec ce texte;	– perception visuelle – perception auditive – perception spatiale – perception du temps – lang.: habiletés langagières – concentration
la validation	
– il cherche à vérifier ses hypothèses de départ; ce qu'il tire de ces mots et phrases correspond-il à ses attentes, à son anticipation première?	– pensée: organisation raisonnement jugement
la rétroaction/poursuite	
– si ce qu'il lit ne correspond pas à ce qu'il attendait, anticipait du texte, il revient en arrière pour se corriger au niveau du décodage ou même de son anticipation (rétroaction); si, au contraire, il trouve une certaine correspondance entre son hypothèse de départ et le texte lu, il continue sa lecture. (poursuite)*.	– langage: symbolisme – pensée: raisonnement jugement - affectivité - motivation

---

* D'après Cohen et Mauffrey, *Vers une nouvelle pédagogie de la lecture*, Éd. Armand Colin-Bourrelier, Paris, 1983.

Quand il aborde un texte, l'enfant porte en lui toutes ses expériences passées qui vont ou non lui faciliter la phase d'anticipation du texte. Plus ses connaissances générales seront étendues, meilleures seront ses chances d'accéder vraiment au message que veut lui livrer l'auteur. De plus, il doit pouvoir s'appuyer sur une bonne combinaison de:

• *Connaissances grapho-phonétiques*: savoir à quels sons de la langue parlée (aspect phonétique) correspondent ces signes écrits, ces lettres (aspects graphiques). Il est clair que l'enfant qui se trouve constamment devant des signes qu'il ne peut décortiquer ne peut pas non plus valider son hypothèse de départ, donner du sens à son texte. Le code demeure la porte d'entrée à la compréhension.

• *Connaissances lexicales*: avoir le vocabulaire voulu pour comprendre ce que signifient ces mots qu'on lit. Il a beau avoir une idée de ce dont il est question dans l'histoire, si le texte recèle trop de mots inconnus à l'enfant, celui-ci ne sera pas en mesure de valider son hypothèse.

• *Connaissances syntaxiques*: avoir les notions de grammaire suffisantes (je me réfère surtout ici à la grammaire qu'on acquiert spontanément en apprenant à parler et non pas aux leçons formelles qu'on apprend à l'école) pour reconnaître qu'on n'utilise pas indifféremment «il» ou «elle», «son» ou «ses», «que» ou «qui», etc., et qu'on n'altère pas la finale des verbes (oblige/obligeait, marchait/marchant, etc.) sans affecter le sens de la phrase.

• *Attitudes saines face à l'apprentissage*: pouvoir générer une capacité d'attention, une motivation, un intérêt, etc., de façon à rester présent à ce texte qu'on lit.

• *Expérience de lecture*: avoir une certaine familiarité avec les aspects techniques de la lecture, c'est-à-dire les divers caractères d'imprimerie, l'organisation du matériel en paragraphes, l'apport d'illustrations, etc.

Nous avons présenté ci-haut certains problèmes plus directement liés aux habiletés de décodage ou, si l'on veut, à la prise d'indices. Il est très évident que ces difficultés de base vont entraver la compréhension de l'enfant. On rencontre par contre des enfants qui, tout en ayant développé certaines habiletés de décodage, continuent d'avoir certaines difficultés qui donnent une lecture tellement fautive que la compréhension en est rendue quasi impossible.

Substitutions / ajouts / omissions / déformations des mots

Ex.: *au lieu de lire:*	*l'enfant lit:*
Il est huit heures, je m'en vais de la maison...	Il y en a huit autres, je m'en vais à la maison...
Les pots sont casés le long de...	Les pots sont cassés...
Le chat hante la margelle du puits...	Le chat entre la marielle depuis...
Des chemises sèchent sur le fil de fer...	Des cheminées sur la file d'affaires...
Je cours jusqu'à la vigne*	Je cours jusqu'à vingt

Qu'observe-t-on dans l'exercice de lecture de cet enfant? De toute évidence, Jacques a maîtrisé une bonne partie du système grapho-phonétique: une grande partie du texte est lu correctement (pour fin de simplification du matériel présenté ici, je n'ai relevé que les passages fautifs du test en question). On ne relève aucune inversion ni d'ailleurs aucun des problèmes de décodage précédemment discutés.

---

* Extrait de: *Le printemps*, dans Lire, M. Lobrot, Éd. ESF, Paris, 1983.

Par contre, on observe:

- **substitutions de mots**: (nombreuses) il est/il y a; à/de; hante/entre; margelle/marielle; du puits/depuis; chemises/cheminées; le fil/la file; de fer/d'affaires; vigne/vingt;

- **ajout de mots**: il y *en* a;

- **omission de mots**: sèchent.

Regardons un deuxième exemple:

au lieu de lire:	l'enfant lit:
René grimpa sur son dos; il s'accrocha à ses longues oreilles. Le liè-vre partit; il courait vite et l'enfant craignait de tomber dans le fossé. Soudain le lièvre s'arrêta...*	René remeporte sur son bu; il s'accroche à se lonjeke olelè. Le livre partit; il coura vite te l'enfant rajeka de to-mate dans le fourrière. Surtout un livre s'arrête...

Aux fautes de décodage déjà mentionnées (inversion: d/b, et/te; confusions phonétiques: g/k) s'ajoutent ici des substitutions de mots (dos/bu; lièvre/livre; tomber/tomate; fossé/fourrière; soudain/surtout) et de nombreuses

- **déformations de mots:** trimpa/remeporte; longues/longeke; oreilles/olelè; craignait/rajeka.

Causes possibles
stratégies de décodage mal rodées validation entravée au niveau du langage, de la pensée ou de l'affectivité.

---

* Extrait d'un test de lecture attribué à S. Borel-Maisonny.

Vous ne pouvez sans doute tirer aucun sens d'un texte lu de cette façon. L'enfant non plus. Dans le deuxième exemple, le texte est tellement distordu par les fautes de décodage que la compréhension en est rendue impossible. Cet enfant ne connaît pas suffisamment le code grapho-phonétique pour ajuster sa lecture au fur et à mesure qu'il avance dans son texte. On a l'impression, à l'écouter lire, que toute son énergie mentale est requise juste pour déchiffrer les mots et qu'il ne lui «reste» aucune énergie pour comprendre ce qu'il lit. Le texte est trop difficile et trop long pour son niveau réel de compétence en lecture. (**Pour moi, «le niveau de compétence en lecture», c'est le niveau où l'enfant peut lire avec un débit normal et comprendre au moins 75 p. 100 de ce qu'il lit.**)

Avec cet enfant, on devra réviser le code, revenir aux sons, lui donner ses outils de base, réduire la quantité de matériel à lire, en simplifier le contenu (textes plus courts, avec difficultés de décodage réduites), «lire par morceaux». Ainsi on donnera à l'enfant le temps de maîtriser les mécanismes de base, de connaître un certain succès en lisant des textes plus faciles et de reprendre ainsi confiance en lui-même et en ses capacités.

Nous avons une situation bien différente avec ces enfants qui, comme Jacques, ont une certaine capacité de décodage mais ne semblent pas du tout chercher de sens à leur lecture. Ils lisent «des mots ou des phrases impossibles» (le chat entre la marielle depuis) sans apparemment se poser quelque question que ce soit sur le sens de cette phrase. Ils ne peuvent évidemment pas répondre aux questions qu'on leur pose par la suite, même oralement.

Image mentale déficiente

On a parfois l'impression, en interrogeant ces enfants sur une histoire qu'ils viennent de lire, qu'ils ne peuvent se représenter mentalement ce dont il est question dans le texte. Comme si l'écrit ne pouvait générer chez eux d'image mentale (voir chapitre 2: «Le symbolisme»). Il nous arrive à tous, au milieu d'un texte, de nous mettre à penser à autre chose tout en continuant de lire. On finit le paragraphe, et c'est le «vide»: on n'a rien retenu du texte. Il faut recommencer. Sauf que, chez ces enfants, cela se produit constamment. Je me souviens d'un petit garçon de dix ans, d'intelligence tout à fait normale, qui me donnait souvent cette impression. Il lisait apparemment très bien, mais si on lui demandait de raconter l'histoire par la suite, c'était, chaque fois, un incroyable fouillis de détails inventés de toutes pièces, le méli-mélo parfait. Un jour, il avait lu un court paragraphe de quatre ou cinq phrases tout au plus, racontant l'histoire d'un petit garçon parti en randonnée à bicyclette qui avait buté contre un gros morceau de bois au milieu du chemin, était tombé, s'était fait mal et pleurait parce qu'il n'y avait personne pour l'aider à rentrer chez lui. Cela me paraissait une histoire assez simple, assez proche du vécu d'un enfant de dix ans pour qu'il la comprenne bien. Je demandai donc à Denis de dessiner l'histoire qu'il venait de lire (peu verbal, il adorait dessiner). Son dessin: sa maison, un soleil, un gros arbre, des tulipes et un «petit garçon qui revient de l'école, avec son sac d'école à la main»! On a relu l'histoire ensemble. À chaque phrase, je lui demandais: «Dessine-moi une chose qu'on mentionne dans cette phrase.» Chaque fois, comme il s'apprêtait à commencer son dessin, je lui demandais de me montrer dans la phrase le mot qu'il allait dessiner. Parfois, il fallait relire la phrase parce qu'il s'apprêtait à dessiner autre chose que le contenu de ladite phrase. Il nous fallut plusieurs lectures pour arriver à passer à travers ces quatre ou cinq phrases. J'étais convaincue qu'au premier abord, et sans aide, cet enfant ne pouvait «voir dans sa tête» ce que décrivait le texte. Du moins quand on l'interrogeait. Peur de l'échec? Peur de déplaire? Anxiété devant la performance? Troubles émotifs? Quelque chose faisait écran entre cet enfant et le texte à un certain moment et l'empêchait de «voir l'histoire dans sa tête». Les parents acceptèrent qu'il soit traité par un psychologue qui put identifier et traiter la cause de cette anxiété affreuse qui ravageait non seulement son rendement en lecture, mais sa vie en général.

Le cas de Denis fut quand même pour moi une situation quelque peu exceptionnelle. Il reste que certains des éléments de cette situation se retrouvent à des degrés divers chez beaucoup d'autres enfants. C'est Bruno Bettelheim qui écrivait dans *La Lecture et l'enfant* que «... le sens de ce qu'il lit est déformé à la fois par les sentiments avec lesquels il aborde sa lecture, et par les sentiments que le texte éveille en lui... (il) ne peut expérimenter les choses indépendamment de ses préoccupations ni empêcher son inconscient de dominer ce qu'il essaie de comprendre.» On peut imaginer ici la qualité et l'intensité de la relation qui doit s'établir entre l'enfant et l'éducateur si celui-ci veut raffiner son intervention et savoir en reconnaître les limites pour confier l'enfant au professionnel le plus apte à l'aider.

Il n'est pas rare en effet de rencontrer des enfants aux prises avec des conflits intérieurs tels qu'il leur est impossible de suivre mentalement un texte. Toute leur imagerie intérieure est accaparée par ces tourments qui les assaillent. Ces enfants ont essentiellement besoin de résoudre leurs tensions intérieures pour se rendre disponibles à l'apprentissage. L'intervention de l'orthopédagogue doit alors se faire en parallèle avec celle du psychologue qui prend en charge le problème de fond.

Vocabulaire limité

À propos des problèmes de validation déficiente, parlons maintenant des enfants qui, tout en ayant une bonne idée de ce dont il est question (anticipation), sont handicapés à cause d'un vocabulaire trop limité. Après avoir déchiffré un mot, encore faut-il avoir accès à une quelconque expérience passée avec ce mot: avoir vu l'objet ou sa représentation sur photo/dessin/film, avoir entendu son nom, l'avoir retenu, reconnaître qu'il s'applique dans ce cas-ci, etc., d'où **l'importance du langage**, de la richesse du vocabulaire.

De nos jours, les enfants sont bombardés d'images, inondés de mots qu'ils ne saisissent pas toujours très bien. Ils sont habitués au «flou», à une compréhension vague. C'est bien d'offrir à l'enfant toutes les chances de s'enrichir, de se développer. Mais si on ne prend pas la peine de lui expliquer à fond ce qu'on lui présente, il ne le «digérera» pas, ne l'assimilera pas. C'est, dans une certaine mesure, peine perdue.

Bien saisir le sens d'un mot suppose qu'on puisse l'utiliser correctement soi-même, dans un autre contexte. Si les beaux mots défilent sous les yeux de l'enfant sans qu'on les lui explique, sans qu'on lui laisse le temps de les utiliser lui-même, sans qu'on vérifie s'il a bien compris, je ne suis pas sûre qu'on atteigne nos objectifs de stimulation du langage.

Quand j'évalue les enfants en difficulté, je leur demande d'apporter leur livre de lecture de l'école (quand ils en ont un!) et de choisir une histoire qu'ils voudraient me lire. Je leur demande ensuite de me redire l'histoire dans leurs propres mots. Dès lors, je peux observer à quel point ils réutilisent le vocabulaire du texte même. Puis je vérifie au hasard la compréhension de quelques mots extraits du texte. Je suis souvent étonnée de voir certains mots, d'usage pourtant bien courant, si mal compris.

C'est la responsabilité des parents comme de l'école d'offrir à l'enfant toutes les occasions possibles d'enrichir son vocabulaire, de développer son langage selon ses capacités réelles ou ses limites particulières.

On ne peut pas se contenter de mettre un livre dans les mains d'un enfant et de lui demander de le lire. Il faut aussi vérifier, après la lecture, s'il en a bien saisi le sens. Poser quelques questions. Un jour, j'avais donné à lire à une enfant de première année le texte suivant:

> «Émile a fumé la pipe de papa.
> Sa mère le punira (lu: puira).
> Il a été malade: il a vomi de la bile.»

En fait, dans ces trois lignes, on ne relève qu'une seule faute. Quelle ne fut pas ma surprise d'entendre le récit que Chantal me fit par la suite!

> «Je ne sais pas. Il y avait du miel.
> Oui, c'est ça, du miel.
> Puis, quelqu'un a vomi. Ah! oui, je pense qu'il y a une pipe aussi.»

Elle avait pourtant bien lu, en tout cas à en juger par ce que j'avais entendu. Cependant, le retour verbal sur l'histoire témoignait clairement de sérieux problèmes de compréhension, non?

Il importe aussi de revenir souvent sur le sens de certains mots clés. Quand on demande aux enfants s'il y avait des mots difficiles dans leur histoire, ils répondent non la plupart du temps. Puis on demande ce que tel mot précis signifie et ils ne peuvent répondre. Ils ont saisi le texte dans ses grandes lignes, mais non les détails... Il ne faut pas oublier, quand on vérifie le sens d'un texte de cette façon, que «définir» un mot requiert une capacité d'abstraction et de généralisation que l'enfant ne possède pas toujours. Pour contourner cela, on demande à l'enfant: à quoi ça sert, ça? qu'est-ce qu'on peut faire avec ça? où peut-on trouver cette chose? comment est-ce fait? etc.

Peut-être l'enfant est-il resté «accroché» à quelques mots mal compris ici et là dans le texte? C'est l'occasion de stimuler l'habileté à utiliser le contexte pour saisir le sens d'un mot. «D'après toi, dans cette histoire-là, qu'est-ce que ça pourrait bien vouloir dire, ça? «Est-ce que ça pourrait...» Et on présente à l'enfant différentes réponses, incluant les «possibles» et les «impossibles».

Limites intellectuelles

Nous venons de voir l'importance du langage dans la validation des hypothèses de lecture. Si vous vous reportez à ce que vous avez lu précédemment, où on mettait en relation processus et opérations de lecture (voir page 108), vous notez sans doute que la validation et la rétroaction s'appuient largement sur les fonctions cognitives supérieures: organisation de la pensée, raisonnement, jugement. Lorsqu'il «valide» ses hypothèses, l'enfant critique en quelque sorte sa performance. Pour donner du sens au texte qu'il vient de lire, il doit être capable de:

- classer la nouvelle information qu'il enregistre, faire des liens avec celle qu'il possède déjà sur le sujet (organisation de la pensée);
- voir la cohérence entre les éléments présentés: le chat *ne peut* entrer «la marielle depuis» (raisonnement);
- déterminer la pertinence de la nouvelle information en relation avec l'hypothèse de départ (jugement).

Comment aider un enfant à organiser sa pensée? À saisir la pensée d'un auteur? Il est relativement fa-

117

cile de stimuler les habiletés perceptuelles, de rééduquer les stratégies de décodage, d'enrichir le vocabulaire. Amener un enfant à «mieux penser» face à un texte, c'est autre chose. Il faut alors bien comprendre comment se développe la pensée de l'enfant et être capable d'organiser la tâche de façon à lui offrir l'occasion d'aller plus loin dans sa croissance personnelle. Savoir susciter l'interrogation chez l'enfant: «penses-tu qu'il se pourrait que ...?»

Chez certains enfants, par ailleurs, il faudra peut-être admettre la présence de limites intellectuelles faisant en sorte que l'accès à certains niveaux de compréhension soit compromis. On devra alors ajuster les exigences qu'on leur pose et ajuster également les attentes qu'on avait à leur endroit. Toutefois, avant d'en arriver à ce point, il faut s'assurer qu'on a offert à l'enfant toute la stimulation voulue, qu'on a vérifié toutes les autres possibilités, qu'on a sollicité la compétence de spécialistes habilités à poser un diagnostic sûr.

Difficultés de repérage de l'information

Certains enfants qui lisent par ailleurs assez convenablement et qui peuvent répondre oralement de façon satisfaisante à des questions de compréhension du texte se trouvent en grande difficulté lorsqu'ils doivent répondre par écrit. Ils semblent avoir du mal à **repérer l'information dans le texte.**

Il faut bien comprendre que le retour verbal sur une histoire et la réponse écrite, bien qu'ils permettent tous deux de vérifier la compréhension du texte, font appel à des habiletés bien différentes. Pour répondre oralement à des questions relatives à un texte, l'enfant peut s'appuyer sur une bonne mémoire auditive immédiate et bien réussir. La réponse écrite demande non seulement d'avoir retenu l'information, mais aussi de pouvoir la repérer dans le texte, d'isoler le segment nécessaire, d'organiser cette réponse par écrit, de ne pas faire de faute d'orthographe, de ne pas perdre sa place, de transcrire la réponse telle quelle (pour l'enfant qui a du mal à écrire, cela demande peut-être un trop grand effort). Quand un enfant ne peut coordonner toutes les étapes de ce processus et ce, dans l'ordre, sa réponse fait croire qu'il n'a pas compris le texte. Avant de sauter à cette conclusion, il faut s'assurer que ce n'est pas la production même de la réponse qui est en cause.

L'évaluation par écrit, c'est sans contredit la forme d'évaluation qu'affrontera le plus souvent l'enfant en milieu scolaire, et ce dans tous les sujets. J'ai souvent recommandé qu'un enfant ne soit pas pénalisé dans toutes les matières à cause de ses difficultés sévères en lecture. Ainsi certains enfants qui lisent très péniblement et très lentement jouissent d'une extraordinaire mémoire auditive, et les explications verbales du professeur en classe, combinées à un travail acharné à la maison, leur suffisent pour maîtriser le sujet. Mais ils ne peuvent répondre par écrit. Assis devant une feuille d'examen où, dans un temps limité, ils doivent lire leurs questions et y répondre de façon bien organisée, ils perdent leurs moyens et ne peuvent démontrer leur savoir. En Ontario, ces enfants sont protégés par la loi: on met à leur disposition d'autres formes d'évaluation qui leur rendent justice: les examens oraux, les délais prolongés, le magnétophone, etc.

Comme ces moyens ne sont toujours pas reconnus ici et en attendant qu'ils le soient, il faut aider ces enfants en rééducation. Leur rappeler de lire les questions avant le texte. Leur montrer à annoter un texte au fur et à mesure qu'ils le lisent. Leur apprendre (chez les plus âgés) à se faire un plan de réponse. À organiser leur temps: répondre dans l'ordre aux questions qu'ils connaissent bien, aux plus faciles, aux plus courtes, aux plus «précieuses» (le nombre de points) d'abord, et garder celles qui leur paraissent plus difficiles pour la fin, allouer un temps limite pour chaque réponse selon l'importance relative de chacune, etc. Parfois il faut même aider l'enfant à développer certaines techniques de relaxation qui lui permettront d'utiliser au mieux les ressources qu'il possède vraiment.

Problèmes de ponctuation et d'intonation

Dans la description des problèmes de lecture, on mentionne souvent les pauses inadéquates, l'escamotage des signes de ponctuation, les pauses de voix malvenues, etc., bref, des fautes qui touchent au **respect de la ponctuation et de l'intonation.** Faisons la part des choses entre ce qui va entraver la compréhension d'un texte et ce qui va faire échouer un candidat lecteur de nouvelles à une audition à Radio-Canada!

Je me souviens du temps où il fallait «compter dans sa tête: 1, aux virgules; 1,2,3, aux points». Sans que cela devienne une obsession et sans que soit entravée outre mesure la lecture spontanée de l'enfant, il demeure essentiel qu'il apprenne à reconnaître le rôle de la ponctuation dans un texte.

La ponctuation nous permet de faire les pauses nécessaires, dans la phrase ou entre les phrases, pour souligner les rapports entre les idées exprimées. Si l'enfant l'ignore, c'est souvent parce que, justement, il ne voit pas bien ces rapports. Elle imprime aussi un certain rythme à la phrase, ne serait-ce que pour nous permettre de reprendre notre souffle! L'enfant qui fait des pauses inadéquates cherche probablement à reprendre son souffle, sans savoir qu'il pourrait s'appuyer sur la ponctuation pour ce faire.

Il faudra bien, à un moment ou l'autre, étudier systématiquement la ponctuation et ses règles, pas si compliquées après tout. Mais en attendant de s'adonner à cette étude, c'est encore en faisant la lecture à l'enfant et en lui montrant la différence entre une phrase ponctuée et la même phrase non ponctuée que nous lui ferons prendre conscience du rôle que joue la ponctuation dans une phrase. Il devra ensuite faire lui-même l'expérience de ce phénomène. Après quelques exercices de ce genre, il lui sera sans doute possible d'améliorer sa performance, car il aura appris, de façon concrète, à faire le lien entre la ponctuation, la respiration et le rythme. N'oublions pas que certains états d'anxiété affectent notre respiration et, par conséquent, rendent difficile le contrôle de la ponctuation dans la phrase. L'enfant lit en haletant parce que sa performance lui cause une grande anxiété. C'est alors à cette anxiété qu'il faut s'attaquer.

Et les intonations de voix quand on lit? «Il lit *recto tono*». Même si ce «symptôme» revient constamment dans la description des problèmes, je ne m'y habitue pas! Pourquoi? Parce qu'il me semble tellement évident que ce soit là le produit des autres problèmes et non un problème en soi, à moins de rêver que l'enfant fasse carrière comme lecteur de nouvelles! Je n'ai jamais vu d'enfant qui n'ait que ce symptôme. Il est toujours accompagné d'une grande variété d'autres symptômes beaucoup plus alarmants. Si on traite ceux-ci (entre autres ceux qui touchent la ponctuation), on devrait, du même coup, «raviver, ranimer» cette lecture désolante qui exaspère tant certains professeurs.

Stratégies inadéquates

Souvent les parents me signalent en entrevue le fait que leur enfant ne lit pas, mais qu'il «devine» le texte. C'est la plupart du temps une observation assez juste. Je peux le vérifier quand, en l'évaluant, je demande à l'enfant de me lire une page ou l'autre de son livre de lecture. Comment expliquer qu'un enfant puisse lire «la page apprise hier soir» presque impeccablement et qu'il ne puisse relire «celle d'il y a trois semaines» si ce n'est parce qu'il **devine** au lieu de lire?

Quand on consulte le programme officiel de lecture du M.É.Q. destiné aux enfants de première année, on lit: «En début d'apprentissage, tout en menant des activités de développement de connaissances, faire identifier des mots, des expressions, des phrases... faire reconnaître des mots... faire retrouver des mots... faire associer des mots à des images... faire classer des mots selon leur sens, selon leur forme... faire répéter des mots...»

Pas étonnant que tant d'enfants «devinent» le texte et lisent des pages et des pages par coeur sans pouvoir lire les mots pointés au hasard à moins de «reprendre depuis le début». Si l'entrée morphologique (la forme de mots) par exemple est trop exclusivement privilégiée au détriment de l'entrée graphophonétique (la correspondance son-lettre), certains enfants (pas tous) vont développer l'habitude de lire sans comprendre, sans se corriger, sans chercher de sens à ce qu'ils lisent. Si l'enfant ne reconnaît pas la clé, le code qui lui permet de transférer ses apprentissages à de nouvelles situations de lecture, il en restera au stade du déchiffrement pénible devant tout mot long, nouveau ou difficile.

Une stratégie fortement privilégiée dans le programme actuel consiste à s'appuyer sur le contexte pour déchiffrer un mot nouveau ou moins familier. «D'après le sens de la phrase, qu'est-ce que tu penses que ça pourrait être, ce mot?» J'ai entendu maintes et maintes fois des enseignants et même des orthopédagogues déplorer qu'un enfant ne sache pas assez utiliser le contexte pour découvrir le mot. C'est une stratégie acceptable comme moyen de «dépannage», mais qui ne peut être utilisée constamment. Sans quoi on en arrive à deviner plutôt qu'à lire. Quand, par exemple, je me bute, en lisant un article sur les vitamines, domaine que je ne connais pas parfaitement, à des mots comme «dopamine, norépinéphrine et sérotonine» enfilés à la queue leu leu dans une même phrase, j'ai beau avoir le contexte pour savoir ce dont il est question, je ne peux effectivement lire ces mots et les intégrer dans mon système que si j'ai le *code* pour les décortiquer. Le code va me permettre de les décomposer (analyse) et de les reconstituer (synthèse), donc de les lire vraiment, et de pouvoir ainsi les reconnaître dans un autre contexte et peut-être de me les rappeler assez bien pour les utiliser à un autre moment. Si je n'ai pas le *code*, je vais ni plus ni moins «sauter par-dessus» parce que le contexte m'est juste assez familier pour que je comprenne le sens du mot et que je poursuive ma lecture sans trop perdre de son sens général.

La même chose m'arrive quand je lis les auteurs russes qui utilisent fréquemment «Chtchapov, Iouratchka, Ippolitovitch», etc. Dans ma tête, en fait, je baragouine ces mots et je continue. Mais si je lis un texte où je n'ai pas assez de prise sur l'ensemble du texte et que je ne maîtrise pas le *code* (comme quand je lis en italien), que se passe-t-il? Je suis forcée d'abandonner ou d'étudier le code. Pourtant je crois être une bonne lectrice, avoir de bons mécanismes et de bonnes habitudes de lecture. Le code n'est pas tout, j'en conviens, mais il demeure l'outil le plus efficace devant le mot nouveau ou difficile et facilite grandement le transfert des apprentissages à de nouvelles situations de lecture.

Disons, en terminant, un mot sur l'enfant qui **lit avec son doigt** ou qui **revient toujours en arrière**. Ce sont là des indices du manque d'assurance, du peu de confiance de l'enfant en sa propre performance. Il a peur de perdre sa place et cela le rassure de suivre avec son doigt ou avec sa règle. Il a peur de s'être trompé ou le sens des derniers mots lui a échappé et il revient en arrière pour vérifier, se corriger si nécessaire ou tout simplement se rassurer. Je ne crois pas qu'il faille en faire grand état. Au fur et à mesure que les compétences s'installent, habituellement ces «tics» s'estompent et finissent par disparaître en douceur.

Mise au point

Avant d'être frappée d'excommunication par le milieu scolaire, je voudrais préciser ici que les critiques formulées jusqu'à maintenant envers le programme de français aujourd'hui en vigueur et qui préconise une approche plutôt globale de la lecture ne doivent pas être interprétées comme un rejet inconditionnel de ces méthodes. Il m'apparaît simplement, et beaucoup de recherches l'ont prouvé bien avant moi, que c'est là une méthode qui ne saurait convenir au style d'apprentissage de tous les enfants. Une solution de remplacement devrait être offerte à ces enfants qui n'apprennent pas bien avec une approche globale. L'expérience que j'ai accumulée ces quinze dernières années à utiliser systématiquement, et de façon quotidienne, une méthode phonétique avec les enfants en difficulté de lecture me laisse *absolument convaincue* que c'est là une solution de remplacement valable pour ces enfants. On ne m'a pas encore démontré de façon satisfaisante qu'une méthode globale puisse donner les mêmes résultats (je parle toujours d'enfants en difficulté).

On a souvent reproché à la méthode phonétique de mettre l'accent sur le décodage au détriment de la compréhension. Voilà qui est faux. Le recours à une méthode phonétique n'exclut pas la stimulation des habiletés de compréhension. Loin de là! Décodage et compréhension se travaillent simultanément. Je fais même de ce principe une condition *sine qua non* de toute rééducation. La compréhension du texte se greffe sur la maîtrise des habiletés de décodage. La complexité du matériel (du son à la syllabe, de la syllabe au mot, du mot à la phrase et de la phrase au paragraphe) suit les progrès que l'enfant fait au niveau des automatismes de décodage. Tout au long de ce processus, on s'assure constamment que l'enfant donne tout son sens au texte. Et, croyez-moi, simplifier le matériel ne signifie pas nécessairement lire des phrases idiotes vides de sens pour l'enfant. Dans certains milieux, quand on parle de méthode phonétique ou analytique, certains disent: «Ah! que ça doit donc être *platte* d'apprendre à lire comme ça!...» Ce à quoi je réponds: «Pas plus que de se débattre constamment avec des textes qu'on n'arrive jamais à lire convenablement.» On retarde, il est vrai, l'accès à des textes plus sophistiqués (et on compense en en faisant la lecture aux enfants), mais quand on les aborde, c'est avec succès et plaisir qu'on le fait. Et pour certains enfants en grande difficulté de lecture, il s'agit peut-être de la seule voie à prendre.

Chapitre 4

La dyslexie:
mal mystérieux
ou faux diagnostic?

Je parle souvent de la dyslexie comme du «cancer des problèmes de lecture». L'analogie que je vois entre la dyslexie et le cancer m'est suggérée par certains caractères qu'on rattache généralement à l'une et à l'autre. La dyslexie déclenche l'épouvante, la panique quand le diagnostic est posé et annoncé non pas au *patient*, mais au parent. On conçoit encore la dyslexie comme un mal «incurable», ce qu'elle est parfois, mais pas toujours puisque, bien «traitée et prise à temps», elle peut être vaincue.

On comprend mal la dyslexie! On la décèle partout, à tort et à travers, ou on ne la décèle pas là où elle existe réellement. On la connaît mal. Beaucoup d'orthopédagogues peuvent faire carrière des années durant sans pour autant rencontrer un seul cas réel de dyslexie. Dans ces circonstances, on ne peut faire un examen véritable visant à poser un diagnostic juste et à traiter le problème. La dyslexie affecte environ 5 à 10 p. 100 de la population des enfants en troubles graves d'apprentissage. Elle est accompagnée de *nombreux symptômes* dont certains retiennent beaucoup l'attention (ex.: les inversions) et d'autres sont trop négligés (ex.: le développement du langage). Le milieu professionnel n'aide pas à clarifier la situation puisqu'on n'y arrive même pas à s'entendre sur ce qu'est la dyslexie. D'une part, certains en parlent de façon trop vague, trop générale de sorte que le moindre trouble sérieux de lecture devient de la dyslexie. D'autre part, certains la définissent par de faux symptômes qu'on ne peut quasi jamais identifier clairement dans la pratique. À cela s'ajoutent les confusions créées par les orientations différentes selon qu'on consulte les auteurs européens ou américains. Il semblerait en effet qu'en traversant l'Atlantique la définition de la dyslexie se métamorphose! Les récentes recherches américaines sur la question tendent à expliquer le phénomène de la dyslexie par des fonctionnements neurologiques particuliers et non «anormaux». Par ailleurs, en Europe, on relie souvent la dyslexie à des perturbations affectives. Il est rassurant cependant de constater que les chercheurs et cliniciens d'expérience reconnue* en arrivent tout de même à un certain consensus au moins sur les deux points suivants:

1. La dyslexie se définit par une quasi-incapacité à lire chez des sujets (enfants ou adultes) d'intelligence moyenne ou supérieure et ne présentant aucun déficit sensoriel important ni trouble de comportement sérieux.

---

* Je songe particulièrement à Borel-Maisonny, Mucchielli, de Maistre, Estienne, Lobrot, Vellutino, Galaburda, pour n'en nommer que quelques-uns.

2. Le traitement le plus susceptible de donner des résultats concluants consiste en une action éducative individualisée, intensive et bien structurée qui recourt à une méthode phonétique.

Mais au-delà de ces deux points, le débat se poursuit depuis le début du siècle et risque de continuer encore longtemps. En consultant les publications de la dernière décennie, j'y relève certains arguments qui, à la lumière de ma propre pratique professionnelle, m'apparaissent plus pertinents que d'autres. J'ai ainsi précisé ma compréhension du problème et j'en suis venue à une meilleure définition de la question. Pour moi, la dyslexie se définit par ses symptômes, un ensemble de symptômes qu'on doit pouvoir retrouver dans la performance de l'enfant de façon non équivoque. C'est, à mon avis, Cécile Wuarin* qui les résume le mieux quand elle trace le profil typique de l'enfant dyslexique. Elle le présente comme suit:

• un **potentiel intellectuel** normal ou supérieur;
• certains retards dans le développement du **langage**: non seulement le langage est apparu plus tard que chez la majorité des enfants mais il a évolué plus lentement; le vocabulaire est demeuré pauvre, on note souvent des déformations de mots, des structures de phrases mal maîtrisées et une articulation inadéquate;
• des problèmes de **concentration**: l'enfant se fatigue plus vite que les autres à une tâche scolaire, en est aisément distrait et travaille plus lentement que l'ensemble des autres enfants;
• une **mémoire** fragile: l'enfant n'arrive pas à «fixer» les notions apprises de façon permanente; il

---

* Cécile Wuarin, *Dyslexie... que faire?*, Lausanne-Paris, Delachaux-Niestlé, 1979, p. 11 -27.

requiert beaucoup de répétitions, de révisions périodiques (les délais demeurant courts), de repères visuels signifiants pour lui;
• des troubles **d'orientation dans l'espace et dans le temps**; l'enfant n'est pas nettement latéralisé (il pourrait, par exemple, être gaucher de la main, mais droitier de l'oeil, etc.), il est souvent maladroit, peu habile de ses mains; la pratique de certains sports est rendue difficile;
• un **déficit auditif** d'importance moyenne, soit quantitatif (perte de décibels au niveau de certains sons émis à certaines fréquences), soit qualitatif (distorsion de mots, difficulté à prêter attention à un contenu verbal d'une certaine durée, etc.);
• un **développement affectif perturbé** de façon plus ou moins sérieuse, souvent causé simplement par la souffrance qu'entraîne, chez un enfant intelligent, un échec scolaire sérieux; les uns adopteront des comportements agressifs, les autres affecteront l'indifférence totale vis-à-vis de leur performance scolaire, quelques-uns se montreront découragés ou déprimés; tous, ou presque, manqueront de confiance en eux-mêmes et auront une image très négative d'eux-mêmes.

Est-il nécessaire de rappeler ici que:

• peu de dyslexiques présentent *tous* ces symptômes à la fois;
• tout trouble sérieux de la lecture, qu'il s'agisse ou non de dyslexie, s'accompagne de l'un ou de l'autre de ces symptômes;
• c'est la *présence simultanée de plusieurs de ces symptômes*, vérifiée par des spécialistes compétents, travaillant en équipe, qui permettra de conclure à la dyslexie.

Comme les troubles de l'orientation (assez faciles à identifier) et les retards de développement du langage (plus subtils à cerner) se retrouvent de façon à peu près constante dans les cas de dyslexie, j'en ferai ci-après une analyse un peu plus détaillée. Quant aux autres aspects de la dyslexie (mémoire, concentration, affectivité, etc.), il en est souvent question dans ce livre. Je rappelle que les troubles de l'orientation et du langage ne doivent pas être associés seulement à la dyslexie: ces symptômes accompagnent aussi plusieurs autres troubles de la lecture.

Les troubles de l'orientation

L'enfant dyslexique prend habituellement plus de temps qu'un autre à se latéraliser, c'est-à-dire à reconnaître en son propre corps, de façon intégrée et spontanée, un axe central, un «milieu» en lui à partir duquel il peut distinguer sa gauche de sa droite. N'ayant point de repère clair en lui-même, il a du mal à reconnaître «hors de lui-même», autour de lui, dans quelque espace que ce soit, ce qui est à gauche et ce qui est à droite. On a souvent observé qu'un grand nombre de dyslexiques sont gauchers. On parle moins des dys-lexiques à latéralisation ambiguë, c'est-à-dire ceux qui seraient droitiers pour certaines parties du corps et gauchers pour d'autres. Ce phénomène, moins évident «à l'oeil nu» que celui des enfants carrément gauchers, peut être vérifié à l'examen pédiatrique ou neurologique. Cette ambiguïté causera, vous vous en doutez bien, des confusions nombreuses en lecture.

Mais avant même qu'il soit question de lecture, l'enfant gaucher (dans un monde organisé pour les droitiers) ou tout simplement mal latéralisé a eu, dès les premières phases de son développement moteur, du mal à reconnaître la disposition des choses les unes par rapport aux autres, à évaluer leur distance les unes des autres. C'est un enfant qui, tout jeune, se cognait probablement partout, tombait souvent, accrochait les objets en passant, renversait son jus ou son lait, restait «coincé» dans les espaces restreints comme s'il avait eu du mal à déterminer s'il avait assez de place pour passer, etc. Plus tard, il a sans doute eu de la difficulté à se rappeler le chemin pour aller d'un endroit à un autre, à retrouver ses affaires là où on lui disait qu'il les trouverait, etc. Comme dit R. Mucchielli: «Le sujet cherche ou attend les objets dans une direction et ils surgissent dans une autre*.»

Ces difficultés «avec l'espace» entraîneront, dans le contexte scolaire, ce qu'on appelle les troubles d'orientation. L'enfant aura alors du mal à bien reconnaître l'orientation des signes du langage écrit, l'ordre dans lequel ils lui sont présentés, le sens dans lequel il doit les lire, etc. Un adolescent dyslexique avec lequel j'ai travaillé en rééducation me disait: «J'avais l'impression que les lettres bougeaient tout le temps sur la page. C'était comme des fourmis dans le sable. Je ne savais jamais par où m'y prendre.» Et pourtant la vision de ces enfants s'avère tout à fait normale à l'examen chez l'ophtalmologiste. C'est comme si les yeux faisaient bien leur boulot, mais que le cerveau ne savait pas bien organiser les messages qu'ils lui envoient, qu'il ne savait pas bien mettre de l'ordre dans toute cette information qu'il reçoit.

Quand on parle des troubles d'orientation, on pense «orientation dans l'espace» et on oublie parfois qu'on s'oriente aussi dans le temps, ces deux notions en réalité indissociables que l'on dissocie artificielle- ment pour les besoins de la discussion. Le temps aussi se déroule selon un ordre donné, non plus de gauche à droite, mais de «avant» à «après», avec un «pendant». C'est dans le «temps» que se placent les sons que l'on émet, les lettres que l'on lit, les messages que l'on déchiffre, etc. Dans ce temps, il y a aussi des pauses, des silences, plus ou moins rapprochés, plus ou moins

---

* Roger Mucchielli et Arlette Bourcier-Mucchielli, *La dyslexie, maladie du siècle*, Paris, Éditions ESF, 1984, p. 60.

longs selon le rythme auquel se déroulent les événements. Il y a donc un ordre, un déroulement organisé dans le temps.

Les difficultés qu'avait l'enfant dyslexique avec sa gauche et sa droite, avec la relation des choses entre elles, il les a aussi avec «avant» et «après», avec la relation des événements les uns par rapport aux autres. Il ne sait pas ce qui est arrivé avant, ce qui est arrivé après. Quand il raconte une histoire, il intervertit, sans s'en rendre compte, l'ordre des événements, si bien qu'on a du mal à le «suivre». L'enfant dyslexique aura souvent, pour ne pas dire toujours, un mal incroyable à apprendre le nom des jours de la semaine, des mois de l'année et des saisons, à lire l'heure, à utiliser un calendrier, etc. Et ce, malgré tous les efforts qu'il peut y mettre. Il aura besoin, pour y arriver, de beaucoup de répétitions et de «trucs» pour aider sa mémoire.

Le développement du langage

Je ne prétends pas avoir vu des milliers de cas de dyslexie. Je n'ai pas, à mon actif, de savantes recherches en laboratoire. Mon «laboratoire», c'est le quotidien que je vis avec les enfants en difficulté et qui m'apprend chaque jour, un peu mieux, comment ils apprennent. Au cours des dernières années, j'ai travaillé avec une moyenne d'environ cent enfants par année, mais seulement un tout petit nombre d'entre eux étaient véritablement dyslexiques. «Un tout petit nombre», car, en définitive, l'incidence de dyslexie *réelle* demeure très faible. Or, dans ma propre pratique professionnelle, je n'ai jamais rencontré de dyslexie qui ne s'accompagne d'une quelconque difficulté de langage. Il s'agit parfois de difficultés très subtiles ou de séquelles de difficultés qui ont été compensées avec le temps. Parfois on n'arrive pas à vraiment «mettre le doigt» de façon précise sur ce qui ne va pas, mais on sent nettement un «quelque chose» pas tout à fait au point. Nous sommes loin, dans ces cas-ci, des véritables pathologies dont le diagnostic comme le traitement relèvent de la compétence de l'orthophoniste. Il reste que, même pour ces cas plus légers auxquels je me référais plus tôt, j'ai souvent besoin de consulter les orthophonistes. C'est justement à leur contact, à travers nos nombreuses discussions, que j'ai appris à faire la distinction entre les difficultés de langage qui relèvent du développement même du langage et celles qui relèvent de la compétence avec laquelle l'enfant utilise le langage.

Je constate ainsi souvent, en parlant avec les parents, que l'enfant dyslexique a dit ses premiers mots, ses premières phrases, s'est fait comprendre «des visiteurs» plus tard que la plupart des autres enfants. Parfois les parents se souviennent qu'il déformait les mots. En fait, ces inversions de lettres et de syllabes qui nous préoccupent tant à l'école quand l'enfant lit se sont habituellement manifestées d'abord dans le langage parlé de cet enfant quand il avait deux ou trois ans. Je connais un adolescent dyslexique qui s'exprime normalement très bien, mais qui, sous le coup de la fatigue, de l'énervement ou du stress recommence à inverser les syllabes quand il parle, «comme dans le temps» dit sa mère qui avait noté des «anomalies» dans le développement du langage de son enfant. Le malheur, c'est que la plupart des parents ne savent pas au juste quoi observer dans le développement du langage de leur enfant. Ils ne savent pas repérer l'indice qui signalerait une possible dyslexie. Il faudrait surveiller de plus près le tout jeune enfant qui a de la difficulté à nommer les objets et à se souvenir de leurs noms, qui inverse trop souvent les syllabes des mots qu'il tente d'apprendre, qui a toujours du mal à se faire comprendre des étrangers (au-delà d'un certain âge). Ces difficultés, sur le plan de la langue parlée, pourraient (notez bien le conditionnel: il ne faut pas sauter aux conclusions trop tôt) se traduire, à l'âge scolaire, par des difficultés avec la langue écrite: avoir du mal à nommer les lettres, à se souvenir de leur nom ou de l'ordre dans lequel elles se présentent. Difficultés typiques de la dyslexie.

Certains enfants qui connaissent des retards dans le développement de leur langage parviennent, sans aucune aide particulière, à maîtriser les «règles du jeu» avant l'entrée à l'école, si bien qu'on ne voit pas toujours clairement le lien entre leurs difficultés de lecture et leurs difficultés «passées» dans le langage.

D'autres, par ailleurs, continuent de manifester certaines incompétences dans l'utilisation du langage. On l'a mentionné plus tôt: leur vocabulaire demeure pauvre. Ils s'en tirent bien tant et aussi longtemps qu'on ne se réfère qu'aux objets d'utilisation courante, presque quotidienne. Si on leur demande de nommer des objets un peu moins usuels, ils cherchent le mot et diront par exemple: «Ah! je le sais; je l'ai déjà entendu; ça sert à ...» Ils peuvent décrire son usage, mais le nom leur échappe. Les adjectifs qualificatifs précis, les prépositions, les conjonctions sont souvent mal maîtrisés. Quand on leur demande de répéter des phrases ou de répondre à des questions de compréhension sur des phrases qu'on leur a lues, ils semblent avoir «perdu des morceaux» parce qu'ils n'ont pas bien compris ce dont il est question.

Notons de nouveau ici que tous ces phénomènes peuvent très bien se retrouver chez des enfants non dyslexiques. Encore une fois, c'est la présence simultanée de plusieurs symptômes (parmi eux, les difficultés de langage) qui permet de conclure qu'il s'agit d'un cas réel de dyslexie.

Récemment des recherches fort intéressantes ont permis de jeter un nouvel éclairage sur les habiletés linguistiques des dyslexiques. En effet, aux États-Unis, surtout à Boston, on a constaté un développement particulier de l'hémisphère droit du cerveau chez les personnes dyslexiques. On sait que l'hémisphère gauche contrôle normalement une grande partie des fonctions du langage (y compris celles de la lecture et de l'écriture). Or, dans ces expériences, on a constaté que l'hémisphère droit des dyslexiques avait développé, de façon inhabituelle, certaines fonctions du langage attribuées normalement à l'hémisphère gauche chez les sujets non dyslexiques. Pour vulgariser à l'extrême cette nouvelle théorie, on pourrait imaginer une sorte de compétition entre les deux hémisphères du cerveau pour déterminer lequel contrôlera telle fonction du langage. Cette situation serait de nature à créer une certaine confusion, et peut-être distorsion, au niveau de l'interprétation des signaux envoyés au cerveau quand l'enfant (ou l'adulte) lit. La création d'automatismes de lecture stables et fiables en serait du coup rendue plus difficile. Ces recherches, pas encore tout à fait concluantes, vont sans doute permettre, dans un avenir plus ou moins rapproché, de mieux comprendre comment opère le cerveau d'un enfant, ou d'un adulte, dyslexique. On ne pourra sans doute pas «corriger» ce cerveau, mais si on le connaît et le comprend mieux, on pourra le stimuler de façon plus adéquate et lui donner de meilleures chances de «digérer» l'information qu'on lui fournit.

L'importance du diagnostic

On ne soulignera jamais trop l'importance d'un diagnostic *précoce* et *précis* pour corriger la dyslexie, comme tout autre trouble de la lecture d'ailleurs. Dans un diagnostic sérieux, on ne peut se contenter de regarder uniquement la performance scolaire pour conclure à la dyslexie et pour la traiter efficacement. En effet, examiner le rendement en lecture revient à traiter le symptôme sans connaître la cause. C'est comme engouffrer aspirine après aspirine pour soigner un mal de tête qui revient jour après jour. Si on ne cherche pas à savoir ce qui cause ce mal de tête (stress, névralgie, sinusite, grippe, tumeur, etc.), on soigne de façon inadéquate et on court parfois ainsi de grands risques.

Les inversions et les erreurs de lecture ne sont que des symptômes; il faut en chercher les causes et traiter à partir des causes. Dans le cas de la dyslexie, cela exigera le concours de plusieurs spécialistes qui mettront leurs conclusions en commun. Je me méfie de tout professionnel au diagnostic fracassant et aux solutions miracle. «Votre enfant est dyslexique, mais je peux le guérir en moins d'un an» moyennant un plan de traitement au coût astronomique et aux résultats douteux. La rééducation de l'oeil, cela rééduque l'oeil, et la perception visuelle s'en trouve nettement améliorée. La rééducation de l'oreille, cela rééduque l'oreille, et la perception auditive s'en trouve nettement améliorée. Je ne conteste pas ces arguments. Mais la lecture, c'est beaucoup plus qu'une affaire de perception, visuelle et/ou auditive. La dyslexie, tous les auteurs sérieux vous le confirmeront, tient principalement de troubles d'orientation et/ou de déficits linguistiques, accompagnés ou non de troubles de la perception visuelle ou auditive. Si on ne traite qu'une partie du problème, on n'obtiendra qu'une partie des résultats. Quant à traiter la dyslexie par la médication (stimulants du système nerveux central), on attend encore les recherches sérieuses, contrôlées et reconnues qui donneront quelque crédit à cette orientation. Je comprends et sympathise de tout coeur avec les parents désespérés qui veulent à tout prix aider leur enfant. Il est tellement facile d'exploiter cette situation. On ne dira jamais assez aux parents de se méfier des «professionnels-magiciens», de se renseigner avant de s'engager dans un traitement coûteux et de ne pas hésiter à demander une seconde opinion. Le professionnel qui s'offusque du recours à la seconde opinion trahit du coup le manque de fondement de ses théories.

Un diagnostic sérieux, ça consiste en quoi? Il en va de la dyslexie comme des autres troubles sérieux de la lecture (ce sont les conclusions qui différeront): une évaluation sérieuse devra couvrir les aspects suivants:

• *un examen médical complet* où sera vérifié l'état de santé général, mais aussi la vision, l'audition et le développement neuromoteur;
• *une anamnèse détaillée*, c'est-à-dire un retour sur l'histoire médicale passée de l'enfant (maladies, accidents, etc.) et son développement en général depuis la grossesse en passant par la naissance et les diverses étapes de croissance (apparition des dents, des premiers pas, premiers mots, premières phrases, autonomie personnelle, propreté);
• *un résumé de l'histoire familiale* mettant l'accent sur l'histoire scolaire des parents (l'hérédité étant un facteur), le style de relation entre les membres de la famille, leurs intérêts communs, leurs attentes et leurs ambitions;
• *un bilan intellectuel*, non seulement en termes de quotient intellectuel, mais surtout en termes de potentialités (forces et faiblesses), style de raisonnement, capacités d'analyse et de synthèse, stratégies de résolution de problèmes;
• *un résumé de l'histoire scolaire* afin de déterminer les interventions passées et leurs résultats, les aires de succès et de difficultés, la perception qu'a l'enfant de l'école, les attentes du milieu scolaire face à cet enfant;
• *un examen de la lecture* en différentes situations (orale, silencieuse) afin de relever le type d'erreurs, d'analyser les stratégies de décodage, de vérifier le niveau de compréhension et le rythme de lecture;
• *un examen des habiletés de base*, soit la perception

visuelle et auditive (discrimination, mémoire, séquences, compréhension, intégration), les capacités d'attention et de concentration, la latéralité, le contrôle grapho-moteur (qui concerne les mouvements sollicités pour l'écriture).

Vous voyez aisément pourquoi un diagnostic requiert la compétence de plusieurs professionnels. Par la nature même de l'information que l'on recherche, un tel diagnostic fait appel à une équipe multidisciplinaire. À coup sûr, on retrouvera le pédiatre, l'ophtalmologiste, le psychologue et l'orthopédagogue; à peu près toujours, l'orthophoniste et l'audiologiste; parfois le neurologue.

L'importance du traitement

La dyslexie n'est pas une maladie. C'est un trouble d'apprentissage, plus précisément un trouble très grave dans l'apprentissage de la lecture. Une fois le diagnostic posé, le traitement de la dyslexie ne relève plus des professionnels de la santé physique (médecin, ophtalmologiste, orthophoniste) et mentale (psychologue, psycho-éducateur) sauf si on a décelé, au cours de l'évaluation, quelque problème (de vision, de langage, de comportement) qui requiert vraiment l'expérience de l'un ou l'autre de ces spécialistes. La rééducation même de la lecture est du ressort de l'orthopédagogue. Chacun son métier! Je ne veux offenser aucun de mes collègues, mais j'oserai quand même dire que le premier orthopédagogue venu ne fera pas toujours l'affaire. Un problème d'une telle gravité va requérir une expérience et une compétence peu communes qui ne viennent malheureusement pas de façon automatique avec le diplôme. Il n'est pas donné à tous non plus d'avoir l'habileté d'établir avec un enfant une relation d'aide dans laquelle on se préoccupe tout autant des états émotifs de l'enfant vis-à-vis de la tâche que de son fonctionnement académique. Un enfant dyslexique vit, la plupart du temps, une profonde blessure émotive dans cet échec scolaire dramatique qu'il traîne en classe. Il ne suffira pas, pour l'aider à fond, d'exécuter un plan de rééducation, si bien préparé soit-il.

L'orthopédagogue, en situation de véritable rééducation, doit être capable :

• de créer (parfois simplement de prendre le temps de créer) un climat de travail sain où il sera possible de déconditionner l'enfant de l'échec et de l'appréhension de la lecture;
• d'établir avec l'enfant une relation personnalisée dans laquelle, se mettant à l'écoute de cet enfant, il lui permettra de verbaliser, et ainsi de liquider, ses frustrations passées;
• de communiquer à l'enfant sa propre confiance dans le succès de la rééducation, de renvoyer à l'enfant une image de succès;
• d'accepter de façon inconditionnelle le rythme et le style d'apprentissage propres à l'enfant, adaptant en conséquence sa méthodologie aux besoins particuliers de l'enfant pour lui garantir le succès;
• de tenir compte, dans son intervention, des déficits neurologiques observés à l'évaluation, surtout en ce qui a trait à l'orientation spatio-temporelle et aux habiletés linguistiques:
• de travailler en équipe avec les autres professionnels concernés par le dossier en sachant quand les consulter pour assurer la progression de la rééducation;
• d'échanger ses vues avec les parents, partenaires essentiels dans cette délicate rééducation, de les guider auprès de l'enfant, de comprendre leurs réactions et de leur offrir le soutien nécessaire.

On le voit: il est ici beaucoup question d'attitudes. Souplesse, flexibilité, enthousiasme, empathie, assurance personnelle, simplicité, etc. Et je n'ai pas parlé du sens de l'humour, d'un si grand secours dans ces situations chargées d'émotions! Il est aussi question de méthodologie. Nous n'avions encore qu'effleuré le sujet et c'est pourquoi j'y reviens. À ma connaissance, il n'existe pas de méthode plus sûre pour aider l'enfant dyslexique que la *méthode phonétique*. Malheureusement elle n'est pas très à la mode ces années-ci! En quelque quinze années d'expérience avec cette méthode (je me réfère plus précisément à la méthode de Mme Borel-Maisonny), je n'ai rencontré que deux enfants avec lesquels ça n'a pas marché. Mais entendons-nous: méthode phonétique n'est pas synonyme de syllabe et n'est pas non plus *nécessairement* associée à la symbolisation gestuelle (accompagner le son d'un geste), comme on le croit encore trop facilement dans le milieu scolaire. Une méthode est dite phonétique quand elle passe par la correction phonétique, c'est-à-dire quand on s'assure, avant même d'aborder la lecture, que l'enfant prononce bien le son à l'étude et qu'il le reconnaît bien dans la langue parlée. En d'autres mots, pour citer Mme Borel-Maisonny elle-même: «Nous centrerons toute l'attention de l'enfant sur les sons du langage parlé que l'écriture reproduit*.»

Ce n'est qu'une fois cette première étape franchie que seront présentées à l'enfant les consonnes et les voyelles, qui sont une représentation écrite, symbole de ces sons qu'il prononce correctement et qu'il reconnaît clairement.

Je n'élaborerai pas plus longuement ici sur les principes de cette méthode, sinon pour souligner que son succès dépend de conditions très précises: une bonne organisation du matériel, un enseignement bien structuré, un souci constant de respecter le

---

* Suzanne Borel-Maisonny, *Langage oral et écrit*, T.1, Neuchâtel, Suisse, Delachaux-Niestlé, 1973, p. 17.

rythme d'évolution de l'enfant et une solide connaissance de la méthode. Toutes conditions qui ne s'improvisent pas du soir au matin. Comme le disent R. et A. Mucchielli: «On ne fait pas de la rééducation comme on fait de la natation ou du secrétariat*.»

Les séances de rééducation devront:
• prévoir des exercices variés et courts: la fragile capacité d'attention et la grande fatigabilité de l'enfant dyslexique ne permettent pas de travailler de longues périodes à la fois à la même activité;
• permettre beaucoup de répétitions afin d'assurer l'acquisition de réels automatismes, condition indispensable à la lecture courante, aisée et intelligente;
• suivre une certaine routine afin de rassurer l'enfant qui connaît des problèmes d'organisation et d'orientation dans le temps et l'espace, donc: lieu stable, moment fixe, séquence d'activités constante (du moins dans les premières phases de la rééducation).

L'espoir de «guérison»

Il fut un temps, pas si lointain, où il n'y avait guère d'espoir de «guérison» pour les dyslexiques. Je reparlerai plus tard de ce conseiller à l'Université York de Toronto qui, tout en ayant obtenu sa maîtrise ès arts, ne lit toujours pas au-delà d'une troisième année élémentaire. Toutefois, on sait aujourd'hui que, avec un diagnostic clair et un traitement précoce, la plupart des dyslexiques peuvent atteindre un niveau de lecture très convenable. Certains deviendront même des lecteurs très compétents. Une bonne rééducation arrivera peut-être à donner à l'enfant les moyens de compenser ses difficultés de base, mais n'éliminera pas pour autant les déficits eux-mêmes qui rendent si pénible la maîtrise des automatismes de

---

* Dans *La Dyslexie, maladie du siècle*, p. 125.

base de la lecture (et de l'écriture). Si le cerveau opère naturellement de telle façon, organise l'information de telle façon, on pourra l'«entraîner» à opérer différemment pour telle tâche précise (ex.: la lecture), mais il reviendra à son propre mode d'opération pour les «autres» tâches. J'illustre mon propos par un exemple concret. Je me souviens d'un enfant dyslexique qui, avec beaucoup d'aide, avait appris à lire, lisait avec plaisir et comprenait bien ce qu'il lisait. On semblait avoir bien compensé ses troubles d'orientation spatio-temporelle. Mais voilà qu'au secondaire on enseigne la conjugaison. Avec beaucoup de travail, il pouvait mémoriser, *dans l'ordre*, les terminaisons de verbes aux différents temps. Mais au cours du contrôle, en classe, les verbes, les temps et les personnes étaient *mélangés*! Il était totalement perdu si on «mêlait les cartes»; il lui avait déjà été assez pénible d'apprendre «dans l'ordre», cela devenait impossible «dans le désordre». Il ne pouvait alors retrouver la séquence selon laquelle il était parvenu à mémoriser ses terminaisons. Il pouvait décliner oralement ses terminaisons mieux que n'importe qui dans la classe, mais au contrôle écrit il obtenait un piètre 2/20. Pouvez-vous imaginer comme cela peut être décourageant? Il avait de nouveau besoin qu'on l'aide à compenser ses troubles d'orientation et d'organisation de l'information, mais pour une tâche différente.

Un autre exemple. Une jeune adulte dyslexique qui a appris à lire et qui a terminé son secondaire réussit à décrocher un emploi de commis de bureau où elle doit classer des dossiers! Tant et aussi longtemps qu'elle n'a qu'à lire le nom du client sur le dossier, pas de problème: elle a appris à lire et à classer par ordre alphabétique. Mais si on lui demande verbalement ou par téléphone de sortir tel dossier, elle n'y arrivera pas parce qu'en épelant mentalement le nom, elle va intervertir l'ordre des

143

lettres, surtout dans les noms moins familiers. Elle a besoin d'un support visuel (voir le nom par écrit) pour s'y retrouver. Ou qu'on lui épelle le nom lentement pour qu'elle le prenne en note, se donnant ainsi le support visuel dont elle a besoin. Son patron connaît son problème et accepte de faire les ajustements nécessaires.

Ces deux jeunes ont été dépistés (par les parents) et aidés très tôt à l'élémentaire. **Beaucoup et longtemps aidés**. La dyslexie ne se règle pas en un an de calendrier scolaire. C'est un travail de patience, de persévérance qui dure facilement quelques années et qui s'élabore à partir d'un *diagnostic* précis.

Deuxième partie

Quel est le rôle du parent?

Introduction

Nous avons fait jusqu'ici un grand bout de chemin ensemble en tentant de mieux comprendre les processus de lecture. Nous avons passé en revue les principaux problèmes de lecture qui peuvent se présenter lorsque l'un ou l'autre de ces processus fait défaut chez un enfant. Cet exercice vous a peut-être permis de prendre conscience de toute la complexité de l'acte de lecture.

À ce stade-ci, je me retrouve un peu comme dans mon bureau quand j'ai présenté aux parents les résultats de mes évaluations et que j'ai décrit le problème de l'enfant. Infailliblement, on me demande: «Mais, maintenant, qu'est-ce qu'on fait?» Peut-être avez-vous reconnu dans les chapitres précédents certains problèmes que rencontre votre enfant en lisant. Peut-être en êtes-vous, vous aussi, à vous demander ce que vous pouvez faire maintenant.

Le parent a un rôle de la plus haute importance à jouer tant dans la prévention (quand elle est possible) que dans le dépistage des problèmes et la recherche de solutions. Il n'est pas toujours possible à l'enseignant en classe régulière de déceler le problème spécifique de l'un ou l'autre de ses élèves. D'une part, la tâche d'enseignement est de plus en plus complexe: aujourd'hui on confie souvent à l'école des responsabilités et des mandats qui n'étaient autrefois pas de son ressort et pour lesquels le personnel n'a pas toujours la formation voulue. Les programmes sont en changement perpétuel, et les enseignants doivent constamment «se recycler». D'autre part, la très grande majorité des enseignants réguliers n'ont reçu, au cours de leur formation, aucun cours particulier de sensibilisation aux troubles d'apprentissage, encore moins d'initiation au dépistage systématique des troubles d'apprentissage. Très souvent, tout ce que l'enseignant peut observer, c'est le fait que tel enfant ne fonctionne pas au même niveau que les autres enfants de son groupe. Au-delà de cette observation, les ressources, le temps et les moyens font défaut. Pas étonnant alors qu'il revienne aux parents de prendre certaines initiatives pour trouver «ce qui ne tourne pas rond». Malheureusement ils ne savent pas toujours comment s'y prendre, à qui s'adresser ni comment trouver les services nécessaires pour leur enfant.

La deuxième partie de ce livre a donc été conçue pour outiller quelque peu les parents qui vivent cette angoissante situation. Il est vrai que la tradition scolaire n'accorde pas d'emblée aux parents la place qui leur revient dans l'éducation. C'est pourquoi il m'apparaît essentiel que les parents soient bien informés pour pouvoir se présenter à l'école avec assurance et y entamer un dialogue constructif. On verra dans les chapitres qui suivent comment préparer ce dialogue. On verra aussi les «services» qu'on peut trouver ou mettre en place dans la maison pour soutenir l'action du milieu scolaire.

Souvent, en entrevue, les parents me demandent ce qu'ils auraient pu faire pour prévenir le problème.

Malheureusement, le stade de la prévention, au moment où on me consulte, est souvent dépassé puisque le problème est bel et bien présent. Toutefois, à l'intention des parents qui ont des enfants encore en bas âge, j'offrirai dans le prochain chapitre quelques observations et suggestions qui pourraient leur être de quelque secours.

Par la suite, aux chapitres 6 et 7, on trouvera certaines pistes susceptibles de guider les parents d'enfants en difficulté dans leur recherche de solutions. Les parents se sentent facilement coupables d'une situation dont ils ne sont pourtant pas responsables la plupart du temps. Comme parents, on fait ce qu'on peut, comme on peut, avec les moyens qu'on a à sa disposition. Bien sûr que parfois ce n'est pas ce qui aurait dû être. Mais à quoi bon s'en blâmer après coup? On ne suit pas de cours savants à l'université pour devenir parents. On apprend au fur et à mesure, souvent dans des conditions qu'on n'a pas choisies. Par contre, une fois qu'on a constaté l'existence d'un problème, on a la responsabilité d'en chercher la solution. Souhaitons que, dans les pages qui suivent, vous trouviez quelques éléments de cette précieuse solution.

Chapitre 5

Préparer mon enfant à apprendre à lire

«Mieux vaut prévenir que guérir», dit-on. Ainsi il m'est souvent demandé, lorsque je m'adresse à des groupes de parents, ce qu'on peut faire à la maison pour prévenir les problèmes de lecture quand l'enfant grandit. «Est-ce qu'on peut voir venir les problèmes?»

Je pense que, si les parents d'enfants d'âge préscolaire savaient d'avance ce qui est en cause dans l'apprentissage de la lecture, oui, ils pourraient «préparer le terrain» à la maison. S'ils savaient **quoi** observer dans le comportement de leur enfant, oui, ils pourraient voir venir les problèmes et, par une intervention judicieuse, les minimiser dans une certaine mesure. Mais la réalité est que, en règle générale, les parents n'anticipent pas les problèmes de lecture; on se rend compte qu'ils existent une fois que l'enfant a commencé l'école et qu'il se trouve bel et bien aux prises avec le problème. Et il est trop tard pour parler de prévention.

D'autre part, où les parents s'adresseraient-ils pour le support dont ils ont besoin dans ce travail de prévention? Bien que de très heureuses initiatives soient prises actuellement dans certains C.L.S.C. pour sensibiliser les parents de jeunes enfants à cette question, à ma connaissance très peu de professionnels sont disponibles pour mettre en place des programmes de prévention des problèmes de lecture qui soient vraiment structurés. Les intervenants du milieu scolaire, par la nature même de leurs responsabilités et mandats, prennent les enfants en charge lorsqu'ils atteignent l'âge scolaire, tout au plus au niveau de la prématernelle. Par contre, on sait qu'il existe déjà plusieurs programmes de prévention des problèmes de santé chez les enfants de zéro à cinq ans, stimulation des fonctions neuro-motrices, activités «d'éveil», natation mère-enfant, etc., assurés par les C.L.S.C. ou divers organismes communautaires. Dans la mesure où ces programmes permettent un meilleur développement général de l'enfant, qu'ils contribuent à son «mieux-être», il va de soi que les apprentissages scolaires futurs en seront d'autant facilités. Il suffirait peut-être d'ajouter à ces programmes déjà en place certains éléments s'adressant plus spécifiquement aux habiletés liées à l'apprentissage de la lecture?

De toute façon, les meilleurs programmes de prévention/stimulation qui puissent être nécessiteront toujours, pour porter fruit, un bon suivi à la maison. C'est là le milieu de développement normal de l'enfant de zéro à cinq ans: sa famille. Il doit retrouver à la maison des situations stimulantes qui continuent le travail amorcé ailleurs. C'est là que seront le mieux favorisées sa curiosité, sa soif de connaître, de s'ouvrir au monde extérieur, la joie d'apprendre. C'est donc aux parents que revient la responsabilité de bien connaître leur enfant, de le respecter, de lui offrir toutes les occasions de se développer sur le plan physique, intellectuel, social, affectif et de faire naître en lui le désir d'apprendre.

Certaines composantes du développement psychomoteur de l'enfant revêtent une importance particulière, dans le cadre de notre présente discussion des problèmes de lecture, et je voudrais m'y attarder quelque peu ici. Il s'agit des domaines des capacités motrices, des habiletés perceptuelles, de l'attention et du langage.

Développement des capacités motrices

L'acte même de lire, on l'a vu au chapitre 2, requiert un contrôle très minutieux du mouvement de l'oeil sur la page d'écriture. Les activités qui entourent cet acte, l'écriture notamment, supposent de plus un bon contrôle du mouvement de la main et des doigts et une bonne coordination oeil-main. L'enfant développe le contrôle de la motricité fine (contrôle des petits mouvements, des mouvements fins) d'abord via la motricité globale (contrôle des grands mouvements, des mouvements larges). Avant d'arriver à contrôler un mouvement aussi fin que celui de faire bouger son oeil de gauche à droite dans un espace aussi restreint qu'une toute petite ligne sur toute une page d'écriture, il faut avoir appris à contrôler les grands mouvements de son corps. Ramper, marcher, sauter, sautiller, courir, attraper, lancer, etc.

Le contrôle de la motricité requiert toujours, qu'il s'agisse de motricité fine ou globale, la capacité de commander à ses muscles une réaction (contraction/ détente) qui produise le mouvement qu'on veut pour obtenir tel résultat. Ce n'est pas n'importe où, n'importe comment, n'importe quand que je veux lancer ce ballon. J'ai un but: il doit arriver à telle distance, à telle hauteur, à tel moment, avec telle vitesse, avec telle force, etc. Pour que mon bras lance ce ballon de manière à réaliser ce plan, il doit se contracter puis se relâcher d'une certaine façon. Il doit répondre à ce que mon cerveau lui commande de faire. La coordination entre cet ordre de mon cerveau à mes muscles et la réponse de ces muscles est un apprentissage qui s'amorce dès les premières heures de la vie de l'enfant (songez au réflexe de succion du nouveau-né), et même dans le ventre de sa mère, comme on peut l'observer maintenant.

Le tout-petit qui est à la découverte de son monde et, surtout, de lui-même, doit avoir de multiples occasions d'expérimenter l'espace autour de lui pour parvenir à la qualité de contrôle moteur qui lui permettra plus tard de lire. «Avoir l'occasion», cela supposera que les parents de ce tout-petit, tant dans leurs *attitudes* que dans les *activités* qu'ils permettront, le laisseront expérimenter à sa façon, non pas à la leur. L'enfant en croissance a besoin de faire des erreurs pour se rajuster. De prendre des chances, de tâtonner, de ne pas réussir du premier coup, de se reprendre, d'essayer différents moyens pour arriver à trouver ce qui doit être le bon moyen d'exécuter tel mouvement, tel déplacement, tel parcours, etc.

C'est dès le berceau que s'amorce le développement psychomoteur de l'enfant: après avoir vécu replié sur lui-même dans le ventre de sa mère, il doit apprendre à se «déplier», à s'étirer, à s'étendre. L'heure du bain et du boire seront les moments privilégiés pour «jouer» à ouvrir/fermer, à lever/ abaisser les bras et les jambes, à les étirer, à battre (doucement) des bras, à «pédaler», etc. Le tout dans une atmosphère de sérénité, de douceur et de joie. Un moment de plaisir partagé entre le nouveau-né et l'adulte où on en profite pour parler à l'enfant, écouter ses gazouillis, les imiter. Puis viendra la période de développement musculaire: lever/tourner la tête (son attention attirée par un jouet qu'il aime qu'on déplace autour de lui); s'asseoir avec l'aide de l'adulte; se tenir debout avec un support; essayer d'attraper un jouet qu'on lui présente (début de la coordination visuomotrice), etc.

Vers l'âge de six mois, l'enfant devrait avoir appris à se tenir assis. C'est un exploit qui requiert le bon contrôle de plusieurs muscles et qui mérite de chaleureuses félicitations de la part des parents. De trois à six mois, l'enfant apprend la préhension (saisir un objet); sa vue se raffine et il peut suivre un objet des yeux, reconnaître certains visages familiers, réagir à certaines couleurs qu'il préfère; il apprend à ressentir le plaisir et le déplaisir de certaines textures par le toucher, etc. On doit l'encourager à se retourner sur le ventre quand il est sur le dos et vice versa, à s'étirer pour attraper des objets, à se traîner, à marcher à quatre pattes, à utiliser ses deux mains à tour de rôle (en tenant l'une pour qu'il utilise l'autre), etc. De cinq mois à neuf, il prépare ses premiers pas: il apprend à se tenir en équilibre debout, à s'accrocher aux meubles pour se lever seul, à passer par-dessus certains obstacles sur le plancher, à renforcer sa musculature des bras, des jambes et du tronc.

Vers un an, c'est «le grand moment»: il marche! Et c'est aussi la fin de votre tranquillité parce qu'il voudra toucher à tout, grimper partout, fureter dans tous les coins et recoins imaginables, et surtout... inimaginables! En même temps, il raffine ses habiletés manuelles, sa coordination oeil-main: il peut mieux attraper ce qui le tente, ce qu'on lui tend, etc.

Ce n'est pas mon propos ici d'expliquer en détail le développement psychomoteur de l'enfant, d'autant plus que le marché abonde en excellents ouvrages spécialisés sur le sujet. Qu'il nous suffise de souligner que cette période du développement de l'enfant est de la plus haute importance à bien des égards, dont celui de son apprentissage futur en lecture. Ce sont là les assises mêmes sur lesquelles s'appuieront les fonctions relatives à la lecture.

De deux à cinq ans, l'enfant va se trouver très occupé à mieux maîtriser son corps en mouvement. Toutes les occasions seront bonnes pour le laisser *librement* marcher (à petits pas, à grands pas, à reculons, de côté), courir, sautiller (sur un pied, sur l'autre, à pieds joints), sauter, marcher sur les talons ou sur le bout des orteils, imiter la marche de certains animaux, lancer ou attraper un ballon ou une balle (adaptant la distance et la grosseur du ballon à son degré d'habileté), etc. Le parc ou le terrain de jeu sera sans doute le lieu d'apprentissage privilégié, mais n'importe quel lieu offrant un certain espace fera tout aussi bien l'affaire. Aucun matériel sophistiqué n'est requis.

L'enfant qui se sent déjà malhabile essaiera de se tenir loin de ces activités. J'entends souvent dans mon bureau des parents me dire «Elle/il n'a jamais voulu jouer comme les autres. Elle/il se tenait plutôt à l'écart, avec des jeux tranquilles.» Il est difficile, parfois très difficile, de renverser cette tendance à éviter l'activité physique à sept, huit ou neuf ans. Par ailleurs, à deux ou trois ans, quand on note ce comportement, il faut chercher à comprendre pourquoi un enfant évite ce qui semble tellement naturel aux autres. Il a peut-être alors besoin, beaucoup plus que les autres, d'une présence rassurante, encourageante, comme il a été suggéré précédemment. On l'a dit et redit: l'enfant est un imitateur. Si on joue avec lui, si on lui consacre du temps dans une atmosphère chaleureuse et sereine, il voudra fort probablement imiter ces jeux.

Dès deux ans et demi ou trois ans, le jeune enfant s'intéresse aux crayons à colorier, aux ciseaux à découper, aux jeux de construction, à la pâte à modeler, etc. De la motricité globale, il passe graduellement à la motricité fine où le mouvement est plus précis, plus minutieux.

On ne vise pas l'oeuvre d'art, ni même

l'expression par l'art: on veut que l'enfant acquière une certaine aisance dans les mouvements fins du découpage, de l'assemblage, du collage, du coloriage, du dessin.

De nombreuses situations de la vie quotidienne de l'enfant offrent l'occasion, pour peu qu'on la saisisse, de mettre certaines habiletés en pratique. S'habiller seul (boutonner, lacer, attacher, enfiler, etc.), aider dans la cuisine (rouler la pâte, écraser les biscuits, verser la farine dans la tasse à mesurer, tailler les biscuits avec l'emporte-pièce, râper le fromage, etc.), mettre la table, passer l'aspirateur, balayer, faire son lit. La liste est infiniment longue. Il s'agit de s'adapter à ce que l'enfant peut faire et a envie de faire, sans présumer ni de ses capacités ni de ses faiblesses. Ne pas trop lui en demander pour éviter un échec désastreux, mais ne pas non plus tout faire à sa place sous prétexte qu'il est un peu malhabile.

Ces habiletés motrices qu'il développe dans ses activités quotidiennes se raffineront avec le temps et, quand il atteindra l'âge scolaire, il pourra les appliquer aux tâches de lecture et d'écriture. Vous vous souvenez de ce qu'on disait de la poursuite oculaire au chapitre 2? Cette capacité de *faire bouger son oeil*, donc de contrôler les muscles fins qui permettent ce mouvement, sur la page écrite, *d'une façon donnée*, c'est-à-dire de gauche à droite, de bas en haut et de «rester» avec ce mouvement le temps voulu pour déchiffrer ce message écrit. Il a aussi été question d'attention visuelle, laquelle exige de pouvoir diriger son oeil vers le bon stimulus.

De quoi faudrait-il s'inquiéter si on est le parent d'un enfant en pleine période de développement moteur (de zéro à cinq ans)? Il faudrait, je pense, surveiller de près l'enfant qui, malgré beaucoup de répétitions et de stimulations, demeure très rigide dans ses gestes et ses mouvements, manque d'équilibre de façon notable, conserve une démarche lourde et mal balancée, manifeste une force nettement inégale entre le côté gauche et le côté droit, tombe très souvent, s'accroche partout. Cet enfant pourrait (ce n'est pas du tout chose sûre: il faut le vérifier) présenter des troubles de motricité qu'il faut traiter le plus tôt possible parce qu'ils pourraient avoir une incidence sur ses apprentissages scolaires. On s'adressera alors au milieu hospitalier, au pédiatre, au neurologue ou à l'ergothérapeute pour être rassuré ou pour avoir l'aide professionnelle nécessaire pour l'enfant qui est en difficulté de croissance.

Développement des habiletés perceptuelles

Il a déjà été établi plus tôt que la perception est la façon dont l'enfant traite l'information sur son milieu, et c'est par ses sens qu'il reçoit cette information. Il voit, entend, touche, sent, goûte, et ce sont toutes ces expériences qui vont constituer la base de ses futurs apprentissages scolaires (tableau des processus: expérience directe/indirecte). Sans qu'il soit nécessaire à l'adulte d'intervenir, il apprend à comparer ces expériences les unes aux autres (premiers éléments de discrimination), à établir les liens entre elles, à en déterminer les points communs et les divergences (organisation de la pensée) et à retenir toutes ces informations (mémoire) pour usage futur. Voyons comment on peut aider l'enfant dans ces aspects de la croissance.

Habiletés visuelles

On s'assurera d'abord que l'enfant voit bien (acuité visuelle), et il est possible de le faire dès l'âge de cinq ou six mois. À cet âge, l'enfant devrait pouvoir atteindre sans difficulté un objet (dont il a envie) placé devant lui. Si on entretient quelque doute que ce soit, l'ophtalmologiste sera consulté le plus tôt possible pour vérifier l'acuité visuelle de l'enfant. Dans les familles où on relève des problèmes de vision, on recommande (voir «Les troubles de la vision chez l'enfant», *Santé*, septembre 1985, p. 29-31) de consulter dès l'âge de six mois.

C'est évidemment à l'heure des jeux que se présentera l'occasion de stimuler la discrimination et la mémoire visuelles chez le jeune enfant. En utilisant des objets d'usage courant comme des boutons, des cure-dents, un jeu de cartes, etc., on demandera à l'enfant de «mettre ensemble ceux qui sont de la même couleur», de trouver «le plus petit, le plus grand», «ceux qui sont ronds», etc. Il s'agit d'amener l'enfant à voir les différences entre des objets semblables, en les lui signalant d'abord, en les lui faisant observer et finalement en créant un jeu qui permette de «pratiquer» l'habileté en question. Sans jamais oublier, tout au long de l'exercice, de «mettre des mots» sur ces expériences.

Un autre exercice, celui-là pour stimuler la mémoire visuelle, consistera à «faire disparaître» un objet d'un ensemble qu'on a observé au préalable. Ou simplement à demander au hasard ce qu'il y avait sur l'affiche qu'on vient de voir, où est tel objet dans la pièce voisine, etc. Votre imagination et votre créativité, combinées à d'excellents livres sur le sujet disponibles en librairie, vous amèneront sans nul doute à déborder ces quelques suggestions.

Habiletés auditives

Il a toujours semblé plus facile de stimuler la perception visuelle plus que la perception auditive. Et pourtant, comme il sera important à l'école de savoir écouter, de pouvoir distinguer les ressemblances et les différences entre les sons semblables, d'exécuter des consignes orales, etc. Et comme ces habiletés sont négligées dans notre monde «très sonore»!

Et justement, si le nouveau-né ne semble pas réagir à ce monde sonore (tourner la tête, faire le saut quand un bruit plus fort ou inhabituel se produit autour de lui, paraître surpris de tel son), il importe de consulter *dans les plus brefs délais*. Il est difficile d'imaginer que des enfants aient pu vivre pendant deux ou trois ans avec de sérieuses pertes auditives sans que personne ne s'en aperçoive, et pourtant cela arrive. Trop souvent malheureusement. Ces enfants souffrent d'un manque à gagner quasi irrécupérable sur le plan sonore. C'est dès la naissance que s'amorce l'éducation de la «discrimination auditive» (identifier les ressemblances/différences entre les bruits et les sons). Le nouveau-né doit normalement reconnaître les voix familières autour de lui. Il nous l'indique par une certaine excitation lorsqu'il a reconnu la voix de maman ou de papa. Il sera important de continuer cet exercice, entrepris spontanément par l'enfant en lui demandant de reconnaître les bruits de la maison mais en n'ayant recours à aucun support visuel: le bruit de la porte qui se ferme, d'une fenêtre qui claque au vent, de la vaisselle qu'on sort de l'armoire pour mettre la table, de l'eau qui coule dans le bain, etc. Puis on élargira ses «horizons» en lui faisant écouter et reconnaître les bruits de la rue, le silence de la campagne, le chant des oiseaux, etc. Tous ces exercices, que l'enfant fera instinctivement de toute façon, se trouveront enrichis si le parent réagit, l'encourage et apporte sa participation.

Il faudra peut-être songer, d'autre part, à protéger l'enfant des assauts sonores de notre vie moderne. Je m'inquiète beaucoup de la qualité future de discrimination auditive de ces enfants d'à peine quelques mois qu'on amène, le samedi après-midi, dans un centre d'achat bondé où l'on entend des bruits parfois étranges et presque assourdissants. Il me semble que cela doit être, pour de petites oreilles à peine ouvertes au monde, une expérience épouvantable, voire terrifiante. Peut-être est-ce en de telles occasions que l'enfant apprend à «fermer l'appareil», à ne plus écouter, pour se protéger.

On peut supposer en effet que l'enfant qui est exposé très tôt à une bonne qualité de son sera mieux disposé à l'écoute active et discriminante au cours des futurs apprentissages scolaires que celui qu'on soumet à la cacophonie moderne. Ce dernier perd, avant même de l'avoir acquise, cette précieuse capacité d'écoute (attention auditive). Écouter de la musique, reconnaître différents instruments, frapper des mains en suivant le rythme, observer les pauses dans la musique, toutes ces activités qui développent la discrimination auditive et qui, en même temps, posent les bases de l'orientation temporelle (chapitre 2) puisque prendre conscience de l'écoulement du temps, c'est aussi prendre conscience des rythmes de la vie.

Orientation temporelle

C'est à la maison, bien avant d'entrer à l'école, que l'enfant devrait apprendre le «vocabulaire du temps», identifier les moments qui partagent le temps en unités spécifiques: matin, après-midi, soir, jour, nuit, plus tard, etc. Ce sont des notions bien abstraites pour un tout-petit qui en est encore au stade concret! Il ne s'agit pas de les enseigner à l'enfant, mais d'utiliser fréquemment ces termes avec lui pour qu'il arrive à les intégrer dans son système.

Avez-vous déjà noté le nombre de fois qu'on dit à un enfant: «une minute»? «Attends une minute. Je reviens dans une minute. Bouge pas une minute. Ça va prendre juste une minute, etc.» Mais tout cela ne dure jamais qu'une minute, n'est-ce pas? Je me demande toujours comment les enfants, malgré notre abus de cette expression, arrivent à développer la notion du temps! Évidemment il s'agit là d'une notion bien éloignée du niveau d'entendement d'un enfant de trois ou quatre ans. On pourrait peut-être songer à contrôler notre abus de l'expression en question? On éviterait peut-être ainsi certaines confusions dans la tête de l'enfant. Puis on pourrait commencer (vers trois ou quatre ans) à parler de «ce qui prend plus de temps». En comparant «ce qui est plus long» entre deux activités, il s'initie à une certaine notion du temps. C'est aussi le moment de parler de «ce qui est arrivé avant ou après, de ce qui est fini, de ce qui va arriver», d'employer les expressions d'abord, ensuite, à la fin, en même temps, etc. On aide ainsi l'enfant à prendre peu à peu conscience de l'écoulement du temps.

Latéralisation

On doit aussi aider le jeune enfant à «choisir» sa main. Le processus très important de latéralisation est celui où l'enfant établit la dominance d'un côté de son corps sur l'autre. Oh! l'épineuse question! Sera-t-il droitier? Sera-t-il gaucher? On reconnaît maintenant assez aisément, dans les milieux professionnels, qu'il ne faut pas contrarier la préférence naturelle et spontanée que l'enfant accorde à sa main droite ou à sa main gauche. Le mieux, du moins dans les premières phases de développement de la dominance latérale, est encore de ne pas intervenir et d'observer. Il s'avérera peut-être très important plus tard, si quelque problème vous amenait à consulter un spécialiste, d'avoir noté quelle main l'enfant privilégiait lorsqu'il grandissait. Avec quelle main semble-t-il plus habile, a-t-il de meilleurs résultats quand il mange, quand il dessine (ou barbouille?), quand il découpe, etc.? Quand on a la *certitude* (dans le doute, prière de s'abstenir!) qu'une main est préférée à l'autre, on peut se permettre d'inciter l'enfant doucement, sans pression indue, à se servir de cette main. On facilitera peut-être ainsi la délicate opération de latéralisation de l'enfant.

Orientation spatiale

Les activités déjà suggérées relativement au développement de la motricité nécessitent des déplacements dans l'espace et favorisent ainsi le développement des habiletés d'orientation spatiale. Il s'agira, pour rendre l'exercice plus profitable, de greffer le vocabulaire «de circonstance» à ces activités: devant, derrière, dessus, dessous, près, loin, etc.

Certaines activités de la vie courante dans la maison fournissent plusieurs occasions de développer les habiletés spatiales de l'enfant: plier le linge, vider le panier, faire son lit, mettre la table, ranger l'armoire, etc. Plusieurs jeux de construction où il faut empiler, emboîter et aligner favorisent également l'acquisition de ces habiletés. Il suffit d'intégrer le langage à l'activité: on tourne à droite, on cherche sous le lit, on place le couteau à droite, l'assiette est au milieu, on met le verre devant l'assiette, on met la boîte par-dessus, etc. Ce sont là des notions auxquelles on fera constamment appel à l'école plus tard: on commence sur la page de gauche, en haut, à droite et on s'en va vers la droite, etc.

Au plan du développement perceptivo-moteur comme à d'autres plans, le parent vigilant qui veut préparer son enfant pour l'école veillera donc à créer pour son enfant des situations où il pourra vivre des expériences stimulantes. Et il l'observera. Apprend-il? Devient-il meilleur après avoir répété l'expérience quelque fois? Semble-t-il avoir du plaisir à ces activités ou cherche-t-il à les éviter? Comment peut-on le comparer à d'autres enfants du même âge?

Si une anomalie quelconque est notée, il ne faudra pas hésiter à consulter un spécialiste, en l'occurrence un ergothérapeute, en milieu hospitalier ou dans son cabinet privé.

Développement de l'attention

En fait, l'attention devrait être développée grâce à toutes ces activités suggérées ci-haut. Tous les types d'attention: l'attention auditive, l'attention visuelle, l'attention à la tâche. L'enfant devrait pouvoir consacrer à l'activité qui l'occupe toute l'attention voulue. S'arrêter pour un temps plus ou moins long selon son âge. On ne saurait exiger, il va de soi, d'un enfant de deux ans «qu'il reste en place» aussi longtemps que celui de quatre ans. Mais on devrait pouvoir observer un progrès continu; à mesure qu'il grandit, il doit pouvoir s'adonner à la même activité pendant une période de plus en plus longue chaque fois. Un «de plus en plus» bien relatif, n'est-ce pas? On s'attend à ce qu'un enfant de maternelle ou de première année puisse soutenir son attention sur une même tâche, selon la complexité de celle-ci, de 15 à 20 minutes environ. Il faut donc adapter cette donnée à l'enfant plus jeune.

Il y a des jeux qui aident l'enfant à développer son attention. «Le jeu du miroir»: devant vous, l'enfant doit suivre et exécuter chacun de vos mouvements comme le miroir reproduit fidèlement chacun des nôtres. Exécuter deux ou trois gestes et lui demander de les répéter dans le même ordre. Jouer à «la chaise musicale». Aligner certains objets sur la table dans un certain ordre après avoir écouté la consigne verbale.

Quand aucun progrès n'est noté dans la qualité de l'attention que l'enfant porte à ses activités, il faut s'efforcer de trouver les causes de cette situation. Est-il fatigué? Est-il attiré par trop de stimuli à la fois? Réagit-il à votre propre nervosité? Dort-il bien? Est-il surexcité par ses émissions de télévision? Avant de s'alarmer, il faut bien cerner les facteurs, dans l'environnement de l'enfant, qui pourraient contribuer à cette dispersion de son attention. Si on ne peut trouver de cause logique, il faut, une fois de plus, consulter sans tarder le pédiatre pour s'assurer du bon état de santé général de l'enfant. Et peut-être savoir ainsi si l'enfant est hyperactif ou non.

Il serait trop long d'approfondir ici le thème de l'hyperactivité. Qu'il me suffise de dire qu'une documentation abondante existe pour informer le parent de l'enfant hyperactif ou celui qui soupçonne que son enfant puisse l'être. Qu'il me suffise aussi de souligner que c'est là un problème souvent mal compris, même mal identifié et qu'il n'est pas toujours inutile de chercher une seconde opinion pour mieux éclairer la question.

Développement du langage

Le langage est inhérent à tous nos apprentissages. Il donne à chaque expérience son nom, son identité propre. Il permet de maintenir cette expérience que nous voulons garder en nous en vertu même de ses propriétés symboliques. Il n'est peut-être donc pas d'entrave plus lourde aux apprentissages scolaires que les problèmes de langage. C'est pourquoi on doit y attacher la plus grande importance chez le tout-petit en voie de développement.

Le premier pas vers le mot, c'est l'expérience. L'enfant qui ne souffre d'aucun trouble grave de langage «bâtit» son langage à partir des expériences qu'il vit. Si on ne lui donne pas l'occasion de découvrir le monde qui l'entoure, comment pourra-t-il le comprendre, l'organiser dans sa tête, se l'«appro— prier» par le langage, entrer en relation avec les personnes qui évoluent autour de lui? Comment peut- on savoir à quoi se réfère le mot «arc-en-ciel» si on n'en a pas d'abord vu, remarqué, examiné un dans le ciel (tableau des processus: expérience directe)? Si personne n'a jamais nommé le phénomène pour nous (expérience indirecte - habiletés langagières)? Si personne n'a jamais discuté de ce phénomène avec nous (organisation de la pensée)? Si personne n'a jamais répondu à nos: comment ça se fait? d'où ça vient? pourquoi ça arrive, etc.?

Pour développer son langage (vocabulaire, structures de phrases, etc.), l'enfant a d'abord et avant tout besoin de vivre des expériences que nous, éducateurs (parents et enseignants), rendons «significatives» du point de vue du langage. Cela signifie, plus concrètement:

- nommer les objets, événements, phénomènes, etc.
- les qualifier;
- les classifier;
- les mettre en relation les uns avec les autres.

Parler avec l'enfant de ce qu'il vit et le faire parler de ce qu'il vit

Et ce, dès le plus jeune âge. Même si l'enfant, à quelques semaines, à quelques mois de vie par exemple, ne peut nous répondre dans un langage articulé comme celui que nous utilisons constamment, il «enregistre» un certain modèle de langage qu'il pourra plus tard utiliser lui-même. L'enfant doit apprendre très tôt le mot juste pour nommer les choses autour de lui, pour pouvoir, plus tard, dans le monde «élargi» de l'école et de la lecture par exemple, «suivre» ce qui se passe autour de lui. Quand, dans mon bureau, un enfant de huit ans ne peut me nommer plus de trois ou quatre légumes, qu'il *dit* qu'il ne sait pas ce qu'est un navet, je n'en conclus pas nécessairement qu'il n'a jamais vu ou mangé de navet, mais je me demande si on a *parlé* à cet enfant de façon significative. A-t-on appelé par son nom la purée de navets ou la soupe aux navets quand on en a servi à la maison? Quand on a amené l'enfant au supermarché, a-t-on profité de l'occasion pour lui faire toucher, sentir, peser les fruits et les légumes, les a-t-on nommés pour lui? A-t-on comparé la texture, la couleur, la forme, le poids de ces différents fruits et légumes? C'est ainsi que se développe le **vocabulaire** d'un enfant. Les occasions d'apprendre dans l'entourage immédiat de l'enfant sont presque illimitées et ne coûtent très souvent pas un sou. Pas de matériel compliqué: les événements de la vie courante. On va au bureau de poste, à la banque, à la station-service, au garage, au parc. On prend le train et l'avion. On va à la campagne, dans le bois, au bord de l'eau. Pourquoi ne pas tout simplement en profiter pour «mettre des mots» sur ces expériences? Des mots *justes* que l'enfant reconnaîtra plus tard dans un autre contexte. En n'oubliant pas qu'il faut, selon certaines recherches, avoir entendu le même mot une bonne quinzaine de fois avant de l'avoir suffisamment intégré dans son système nerveux pour pouvoir s'en servir soi-même à bon escient!

Les premiers mots que l'enfant prononce, tout petit, sont de la catégorie des noms et des verbes parce qu'ils répondent à ses besoins les plus immédiats. Puis viendront les autres catégories de mots qu'il n'est pas nécessaire de détailler ici. Je veux toutefois mentionner les «grands oubliés»: les adjectifs qualificatifs! Je rencontre souvent en évaluation et en rééducation des enfants qui n'ont que quatre ou cinq adjectifs dans leur vocabulaire actif: petit, grand, gros, beau... Cela me paraît désolant. Il y a ainsi un certain niveau de langage auquel l'enfant ne peut avoir accès. Même s'il parvient à déchiffrer un texte, il sera handicapé dans sa compréhension par les limites de son vocabulaire. Sans compter que lui échappent du fait même certains plaisirs des plus exquis en lecture. Qu'est-ce qui fait en effet le charme des beaux textes de certains grands auteurs? Qu'est-ce qui rend une narration ou une description tellement vivante qu'on a l'impression d'être sur les lieux? C'est souvent le talent avec lequel l'auteur manipule l'adjectif qualificatif. L'enfant qui n'apprend pas, au fur et à mesure qu'il découvre son milieu, à qualifier ce qu'il voit, touche, entend et sent aura du mal plus tard à saisir certaines nuances des textes qu'il lit, à produire sur son «petit écran intérieur» les images mentales qui permettent de comprendre un texte. Ces expériences dont on parlait plus tôt permettent d'étiqueter les objets et donnent aussi l'occasion de préciser si tel ou tel objet est doux, lisse, rugueux, lourd, léger, propre, tiède, frais, etc.

Pour donner à chaque expérience le plus de sens possible, l'enfant doit pouvoir la mettre en relation avec ses expériences passées, faire des liens, comparer et, ce faisant, développer ses capacités de penser. Qu'est-ce qui est différent? Qu'est-ce qui est pareil? Ainsi il commence à établir les catégories d'objets qui lui permettront de mieux décrire et définir les phénomènes qu'il observe (organisation de la pensée). «C'est une affaire qui roule, mais qui est pas pareille comme l'autre chose qu'on a vue l'autre fois» devient «C'est un camion-citerne; ça roule comme le camion qu'on a vu hier, mais ça transporte de l'essence au lieu de transporter des meubles». Ce petit incident permet à lui seul de toucher à plusieurs catégories d'objets: les moyens de transport en général subdivisés selon ce qu'ils transportent (d'autres catégories: les personnes, les meubles, les vêtements, etc.). Je m'arrête ici; vous voyez certainement où peut conduire un dialogue «vivant» avec les enfants.

Dans ce dialogue, il faut parler à l'enfant, mais aussi avec lui. Écouter ses questions. Poser des questions sur ce qu'il dit. Se retenir, parfois, de parler à sa place, d'anticiper ses réponses, de finir ses phrases. Normalement, on ne parle que si on se sent écouté. L'enfant qui n'est pas sûr qu'on l'écoute ne se donne pas la peine de parler et il apprend à ne pas écouter lui non plus!

Tout ce qui précède touche l'aspect vocabulaire du développement du langage de l'enfant. On sait qu'il y a beaucoup d'autres aspects: la prononciation, la syntaxe (grammaire), les structures de phrases et toutes ces choses que nous avons apprises sans suivre de cours particuliers, n'est-ce pas? Parce que c'est ainsi que, normalement, nous développons nos habiletés langagières: en copiant ce qui se dit autour de nous. Or, toutes les expériences suggérées plus haut, que nous rendons signifiantes en y greffant du langage, offrent en même temps à l'enfant le «modèle» de prononciation, de syntaxe, etc., dont il a besoin pour raffiner ses habiletés langagières.

À condition de n'être affecté d'aucune pathologie sérieuse du langage, c'est-à-dire: retards sévères, troubles d'articulation, de prononciation, aphasie (perte de langage), etc. Dans ces cas, nul besoin d'insister, il faudra consulter des spécialistes en orthophonie et en audiologie. Mais comment saurez-vous, comme parent, si vous avez des raisons de vous inquiéter?

Il est toujours dangereux de donner des normes de développement. Nombre de facteurs (intelligence, états affectifs, stimulation, ambiance familiale, pour n'en nommer que quelques-uns) peuvent intervenir qui expliquent que tel enfant ne se développe pas selon lesdites normes. Mais, *à titre de guide seulement*, je suggérerais de consulter un spécialiste si:
• dès les premiers mois de sa vie, l'enfant ne réagit pas aux bruits autour de lui, ne reconnaît pas votre voix, ne «jargonne» pas un peu (un jargon que vous essaieriez d'imiter pour lui apprendre à vous imiter lui-même plus tard);
• de huit à dix-huit mois (environ), il ne tente pas de reproduire des sons qu'il entend autour de lui, puis des syllabes, et de dire enfin quelques mots qu'à tout le moins son entourage immédiat peut reconnaître;
• vers deux ans, il est encore incapable de faire de

toutes petites phrases de deux ou trois mots pour communiquer avec son entourage immédiat;

• vers deux ans et demi ou trois ans, il ne peut toujours pas se faire comprendre des visiteurs par de petites phrases courtes et simples.

Au cours de cette très importante étape, de zéro à cinq ans, l'enfant nous montre sa capacité à parler, non pas son «savoir-parler», mais son «pouvoir-parler», pour emprunter l'expression de Claude Langevin dans son livre *Le Langage de votre enfant*.

Par la suite, de trois à cinq ans, l'enfant va perfectionner son vocabulaire et apprendre sa grammaire. Pour le soutenir dans ces précieux apprentissages, on va l'écouter, le faire écouter, lui parler (comme nous l'avons suggéré précédemment), lui raconter et lui faire raconter des histoires, lui lire des histoires...

On n'insistera jamais assez sur l'importance, pour préparer les futurs apprentissages en lecture, de **faire la lecture** aux tout-petits. Et cela s'amorce dès l'âge de douze à quinze mois alors que certains enfants commencent déjà à s'intéresser aux livres, pour peu qu'ils en aient sous les yeux. Une réaction positive, à ce moment-là, déclenche ordinairement chez l'enfant une saine curiosité, une attirance pour le livre qui vaudra son pesant d'or par la suite.

De dix-huit à vingt-quatre mois, un enfant peut habituellement regarder les images dans un livre avec papa ou maman, pointer tel ou tel détail: «Montre-moi...? Où est...? Que fait...?» On peut lui raconter l'histoire que suggère l'image. Certains ont déjà un livre préféré, une image préférée. Il est déjà temps de lui enseigner à prendre soin de ses livres, à bien tourner les pages, à les ranger quand il en a fini, surtout s'il a *ses* propres livres!

De deux à trois ans, on remarque souvent que l'enfant aime se faire raconter la même histoire, mot pour mot, soir après soir. Il faut respecter cette requête même si on ne la comprend pas toujours. Quand il sera prêt à passer à autre chose, il vous fera signe. Certains trouveront que j'exagère, mais je pense qu'on peut déjà, à ce moment, commencer à créer le réflexe du balayage visuel de gauche à droite sur la page d'écriture. Si on prend l'habitude de tourner les pages du début à la fin, de diriger l'attention de l'enfant sur l'image de gauche à droite, de haut en bas, on établit, selon moi, la base des précieux automatismes dont il aura besoin pour lire.

Vers l'âge de quatre ans, l'enfant commence à s'initier à la compréhension du texte lorsqu'on lui demande de comprendre l'image. «Qu'est-ce qui se passe, d'après toi? Qu'est-ce qui est arrivé avant? Qu'est-ce qui va arriver maintenant? Qu'est-ce que tu penses de cela? Qu'est-ce que tu ferais à la place de … ? Qu'est-ce que tu aimes dans cette image? Pourquoi?»

On lui demande alors de réagir à une image, de faire des déductions, de situer l'action dans le temps, de tirer des conclusions, d'évaluer une situation, d'émettre une opinion, de soutenir son opinion. Ce sont là des habiletés de raisonnement et de jugement qu'il exerce sur l'image pour le moment, mais qu'il devra exercer plus tard sur un texte pour mieux comprendre celui-ci. Ce dialogue avec l'illustré devrait porter sur divers sujets tout comme on devrait lire à l'enfant des textes sur divers sujets: comptines, histoires d'animaux, histoires fictives, histoires vraies (et lui en signaler la différence pour qu'il commence à distinguer entre le réel et l'imaginaire), descriptions, instructions.

À propos de cette longue et patiente préparation à l'apprentissage de la lecture, n'oublions pas de mentionner l'impact incroyable de l'exemple que vous donnez, comme parents, quand vous-mêmes vous lisez. Il n'y a probablement pas, pour l'enfant, de message plus puissant sur l'importance de la lecture et sur le plaisir qu'on peut en tirer. Il vous voit lire, il vous entend parler de ce que vous lisez, il sent que vous prenez le temps de lire. Rien ne peut être plus éloquent. Prenez le temps de lui montrer le livre que vous venez d'acheter, de lui dire pourquoi vous avez hâte de le lire, pourquoi vous l'avez acheté (ou emprunté, peu importe). Il saura que la lecture compte pour vous.

Attitudes

Nous avons jusqu'ici suggéré des activités susceptibles de stimuler certaines habiletés de base requises dans l'apprentissage de la lecture. Ces activités, pour porter fruit, dépendent beaucoup des attitudes qu'on entretient avec l'enfant. On élabore ici le «tissu affectif» dont nous avons parlé à quelques reprises dans les deux derniers chapitres et sur lequel se greffent les apprentissages. Il m'arrive d'aller m'asseoir dans un parc et de regarder jouer les tout jeunes enfants. De regarder aussi les adultes qui accompagnent ces enfants. Et de faire alors des liens entre ces enfants et ceux avec qui je travaille. De comprendre ainsi la maladresse de certains de ces enfants en difficulté d'adaptation scolaire, leur peur du risque, leur manque de **confiance** ou d'**initiative** ou, au contraire, leur assurance, leur désinvolture, leur acceptation d'eux-mêmes, etc. Le rôle premier des parents, à ce chapitre, est de *fournir un soutien* chaleureux, encourageant, stimulant et de *permettre l'expérience.* Il faut, bien sûr, protéger le tout-petit du danger, des accidents, mais non pas le *sur*protéger au point de l'empêcher d'explorer son environnement et de s'y adapter. Il va se faire mal, il va tomber, il va vivre certaines frustrations, mais il va aussi, ce faisant, apprendre.

L'attitude de confiance et d'assurance que les parents manifesteront à leur enfant aura des conséquences énormes, non seulement sur la maturation psychomotrice de l'enfant, mais également sur les attitudes que lui-même adoptera plus tard devant toute nouvelle tâche.

Dans un article récent*, Bruno Bettelheim parle de l'apprentissage de la persévérance que font les enfants par le jeu. Si on lui laisse l'espace et le temps dont il a besoin, l'enfant apprend, dans une activité qui lui plaît, comme dans le jeu, qu'il peut ne pas réussir du premier coup. «Il apprend à ne pas démissionner au premier signe d'échec... Ce qu'il n'apprendra pas si ses parents ne s'intéressent qu'au succès, s'ils ne le félicitent que pour le succès et non aussi pour la ténacité de son effort.» Bettelheim nous met en garde contre les «doubles messages»: d'une part, on félicite l'enfant pour sa performance, d'autre part, au fin fond de soi, on est déçu de tout le temps que cela a pris, de la gaucherie du geste, etc. L'enfant n'est pas dupe de ce verbiage: il sait d'instinct que le mot trahit la pensée.

L'adulte qui joue avec l'enfant doit veiller à ne pas imposer à l'enfant ses propres objectifs ou ne pas «faire à sa place pour lui apprendre comment faire». L'enfant sentirait alors qu'il est dépossédé de son jeu et l'abandonnerait sans doute, découragé, démotivé. Il a besoin de pratiquer la persévérance, précieuse vertu qui soutient toute activité d'apprentissage, dans une activité qui lui est agréable. Si cela lui est impossible, comment pourra-t-il plus tard persévérer dans des activités qu'il perçoit comme désagréables? Comme, par exemple, quand ça ne va pas bien à l'école? Ou que les cours de natation ne sont pas «comme il pensait»? Souvent c'est dans la réaction initiale du parent aux premières initiatives de l'enfant que réside l'exploitation du comportement d'un enfant «qui ne s'intéresse jamais à rien», qui ne veut jamais rien

---

* Traduction de l'auteur: The Importance of Play, B. Bettelheim, The Atlantic Monthly, mars 1987, p. 35 - 47.

«essayer de nouveau», qui «démissionne au premier semblant d'échec». Il est permis de penser que cet enfant a senti très tôt dans l'attitude de ses parents qu'il devait réussir du premier coup. Qu'il les désappointait parce qu'il n'était pas «mieux que ça». L'enfant a ainsi grandi en renonçant à l'effort, sans avoir d'assurance ni de confiance en lui-même.

Les «enfants à risque»

Certains enfants, la majorité en fait, ne devraient susciter aucune inquiétude particulière, et il suffira de leur offrir tout simplement de saines conditions de développement pour que tout aille pour le mieux dans le meilleur des mondes. Mais il y a aussi les autres, ceux que j'appelle les «enfants à risque», ceux qui portent en eux les conditions «idéales» pour que naissent plus tard ces problèmes de lecture dont nous discutons. Souvent (sûrement pas toujours), ces «enfants à risque»:

• sont issus de milieux désavantagés sur le plan socio-économique — les conditions de croissance physique, psychologique et sociale dans lesquelles ils vivent entravent sérieusement le plein épanouissement de leur potentiel;
• naissent de parents qui ont eux-mêmes connu de sérieuses difficultés dans leur propre apprentissage de la lecture; le facteur héréditaire, bien qu'il n'ait pas encore été indiscutablement établi comme facteur déterminant, est néanmoins observé chez un très fort pourcentage d'enfants qui éprouvent de graves difficultés à lire;
• naissent dans des conditions plus ou moins difficiles; divers traumatismes plus ou moins sévères peuvent se produire soit pendant la grossesse, soit à la naissance ou peu de temps après, qui laissent des séquelles entravant le développement futur de l'enfant.

Je voudrais m'attarder quelque peu à ce dernier facteur. On a, ces dernières années, souligné, en maintes occasions, à la radio, à la télé, dans la presse écrite, les effets nocifs pour le développement de l'enfant d'une consommation excessive d'alcool, de tabac, de certains médicaments et de drogue par la femme enceinte. Comme conséquence de cette campagne d'information, on peut maintenant observer d'heureux changements dans le comportement et les attitudes des femmes enceintes.

Il n'en reste pas moins qu'un certain nombre d'«accidents de naissance» demeureront toujours imprévisibles ou inévitables. *Il importe de souligner ici qu'une grossesse et/ou une naissance difficiles ne signifient pas nécessairement des problèmes d'apprentissage futurs.* Mais il demeure qu'un grand nombre d'enfants en difficulté d'apprentissage ont eu un développement prénatal et/ou une naissance difficiles. La médecine possède, depuis le milieu des années 50, les moyens d'évaluer la sévérité du stress que subit l'enfant à sa naissance. On utilise pour ce faire «l'échelle Apgar», méthode au moyen de laquelle, à intervalles réguliers pendant les vingt premières minutes de vie extra-utérine de l'enfant, on évalue l'adaptation de cet enfant au stress de la naissance. Cinq facteurs sont considérés: le rythme cardiaque, les réflexes respiratoires, le tonus musclaire, la couleur de la peau et certains réflexes nerveux.

Une cote (0,1 ou 2) est accordée à chacun de ces facteurs. Alors qu'une cote de 7 à 10 est considérée comme normale, toute cote inférieure à 7 déclenche, chez le personnel médical, une série de mesures thérapeutiques qu'il n'entre pas dans notre propos d'analyser ici. Qu'il nous suffise de dire qu'une naissance dans des conditions très difficiles risque de laisser des séquelles neurologiques susceptibles d'affecter plus tard les apprentissages scolaires.

D'ailleurs, des recherches en éducation, notamment au Ontario Institute for Studies in Education (O.I.S.E.), ont démontré que les enfants présentant un Apgar trop faible sont *plus* susceptibles que d'autres de présenter, plus tard, des retards de développement et éventuellement des problèmes d'apprentissage à l'école.

L'échelle Apgar a été élaborée par un pédiatre, le docteur Virginia Apgar, pour permettre au personnel assistant la mère et l'enfant au moment de la naissance de mieux reconnaître les phénomènes (nature et intensité) requérant une intervention énergique pour sauver la vie de l'enfant. C'est à ces fins qu'on l'utilise principalement. Et si l'on sortait de ce cadre de références? Ces recherches mentionnées ci-haut ont non seulement établi le lien entre un Apgar faible et la possibilité de problèmes d'apprentissage futurs, mais ont également démontré la pertinence, en termes d'efficacité et de rentabilité, d'offrir des programmes de stimulation précoce intensifs à ces enfants gravement démunis.

Ces constatations ne devraient-elles pas nous inciter à prendre certaines précautions aussitôt après une grossesse et/ou une naissance difficiles afin d'en minimiser les effets dévastateurs à long terme? On ne veut pas alarmer outre mesure la nouvelle maman qui vient de subir une expérience difficile et cela est tout à fait louable. Mais doit-on aller jusqu'à ne pas l'informer de la possibilité de difficultés futures pour son enfant? Ces mamans, à mon humble avis, ont besoin, plus que toutes les autres, de:

• connaître les conséquences futures *possibles* d'un Apgar faible;
• se familiariser avec les «normes» généralement admises en regard du développement d'un enfant (motricité, langage, autonomie personnelle, sociabilité, pensée, etc.);

- savoir *quoi* observer dans le développement de *leur* enfant qui aurait une incidence sur son fonctionnement futur à l'école;
- connaître les ressources disponibles dans leur milieu (*qui* et *où*) en cas de besoin.

On objectera sans doute dans bien des milieux que d'«en dire trop et trop vite» à ces mamans ne contribuera qu'à créer de grandes angoisses. Combien de parents d'enfants en difficulté d'adaptation pourraient témoigner de ces années d'angoisse qu'ils ont passées à soupçonner que quelque chose ne tournait pas rond chez leur enfant sans savoir quoi au juste, quoi faire et où s'adresser pour une aide professionnelle adéquate? Si l'information déclenche l'angoisse, c'est au professionnel qu'il revient d'offrir à son client ou à son patient le support voulu pour liquider cette angoisse. À mon avis, cela fait partie intégrante du support professionnel dont ces parents ont besoin.

En attendant que ces conditions «idéales» soient mises en place et que mentalités et attitudes changent, que peut faire un parent soucieux d'assurer à son tout jeune enfant les meilleures conditions de développement possibles? Une grande partie du développement de l'enfant («à risque» ou non) dépend en effet directement de l'ingéniosité avec laquelle les parents lui offrent des occasions de faire ses propres expériences et d'apprendre selon ses capacités et ses habiletés propres, à un moment donné.

Résumé en quelques mots, ce programme de «prévention» ou de «préparation à la lecture» se présente ainsi:

**permettre l'expérience
observer la performance**

Permettre l'expérience concrète, permettre l'erreur, le tâtonnement parce que c'est dans son vécu que l'enfant évalue sans cesse le monde qui l'entoure, qu'il apprend et découvre qui il est et quel est cet univers auquel il appartient.

Il est maladroit, il ne sait pas comment faire, il se trompe? Qu'à cela ne tienne: on apprend parfois plus de nos erreurs que de nos réussites. J'ai un ami qui pratique le tir à la cible depuis de nombreuses années. Un jour, sur le terrain d'exercice, il a réussi un score parfait (*bull's eye*) neuf fois de suite. À ce moment, il a mis fin à sa pratique parce que, dit-il, «ce jour-là, je n'avais rien à apprendre de ma performance»! C'est pousser le désir d'apprendre à un degré peu commun chez la plupart d'entre nous, j'en conviens. L'exemple sert quand même à montrer comment l'erreur peut parfois, plus que le succès, nous permettre d'apprendre. Or nous vivons dans une société où l'erreur n'est pas permise, où elle est redoutée. Certains enfants en viennent à tellement redouter de se tromper qu'ils évitent toute occasion d'«essayer» quelque chose de nouveau. Serait-ce lié à notre réaction à ses premières erreurs?

L'enfant a besoin, pour développer ses habiletés visuelles, auditives, tactiles, spatio-temporelles, langagières, etc., de faire des tentatives, de vivre des situations signifiantes pour lui, de les évaluer, de rajuster son comportement, de vérifier ses découvertes, etc. Notre rôle consiste à créer des occasions où il pourra faire ces expériences et à demeurer présents à l'enfant pour l'aider à évaluer, à se corriger et à «risquer» de nouveau. On peut et on doit «donner de la corde» à l'enfant, ce qui ne signifie pas pour autant de renoncer à notre responsabilité quant à sa sécurité physique et psychologique. À quel âge cesse-t-on de donner la main à un enfant pour traverser la rue? Bien malin qui pourrait raisonnablement donner un âge précis! Cela dépend de l'enfant, de la rue et... du parent.

Chapitre 6

Où, quand, comment demander et obtenir de l'aide?

On ne répétera jamais assez aux parents de faire confiance à leur intuition:

Si vous sentez que ça ne tourne pas rond, il y a de bonnes chances que ce soit le cas.

Il faut suivre son instinct, aller vraiment au bout de son interrogation; ce qui pourrait demander, ne nous le cachons pas, une bonne dose de patience et de détermination.

«Ne vous en faites pas: ça va se passer.»
«Avec l'âge, ça va se replacer tout seul.»
«Pauvre enfant, je ne voudrais surtout pas le marginaliser.»
«Il n'est pas pire que les autres.»
«Qu'est-ce que je vais lui dire?»

Vous avez déjà entendu cela quelque part? Moi aussi. Souvent. Et je pourrais en citer beaucoup d'autres, dans la même lignée, de ces bonnes (et parfois fausses?) excuses dont on se sert à la maison comme à l'école. C'est souvent une bonne façon de ne pas regarder la réalité en face. Je ne juge pas; je constate. C'est peut-être trop «dérangeant» d'attaquer le problème? Ou ça fait peut-être trop mal? Ou peut-être ne sait-on pas quoi faire?

Une chose est certaine: on ne peut en rester là.

Personnellement, à ces excuses, je réponds sans même hésiter:

«Il est possible que ça passe tout seul, un problème de lecture (ou d'apprentissage), mais ce n'est pas souvent le cas. La plupart du temps, avec l'âge, ça se détériore.»

«La marginalisation? Elle est déjà là: l'enfant sait bien, sans qu'on lui dise quoi que ce soit, qu'il n'est pas comme les autres. Et c'est d'abord comme ça qu'on est marginalisé à l'école.»

«Pas pire que les autres? Ce n'est pas aux autres qu'on veut le comparer: c'est à lui-même. Par rapport à lui-même, à ce qu'il pourrait faire, LUI, est en difficulté.»

«Il est bien des moyens d'expliquer les choses à un enfant pour peu qu'on essaie. Si on peut expliquer à un enfant de trois ans comment se font les bébés, j'imagine aisément qu'on peut expliquer à un enfant de six ans comment il se fait qu'il est difficile pour lui de lire!»

Voilà pour ce qui est de mes réponses «premier jet». Maintenant, j'élabore!

Quand un enfant d'intelligence normale, en bonne santé, fréquente l'école et reçoit (il faut le supposer) quotidiennement, sous une forme ou une autre, un enseignement de la lecture, mais ne peut toujours pas lire au bout de quelques semaines, *il y a problème!* Et ce, quoi qu'en dise l'école qui, parfois, dans ses raisonnements tortueux, ne cherche qu'à faire taire l'inquiétude des parents. Problème grave ou non, cela reste à déterminer. Il n'est pas normal, comme l'ont dit certains enseignants et même certains conseillers pédagogiques, qu'«avec le nouveau programme, certains enfants n'apprennent à lire qu'en deuxième année». Voilà une excuse totalement inacceptable. S'il y a stimulation, il doit y avoir réponse. C'est ainsi que le cerveau humain opère. Si nous n'obtenons pas la réponse recherchée, il faut «revenir sur nos pas» et trouver ce qui a interféré dans le circuit *stimulation-réponse*. Ici, la stimulation, c'est la situation de lecture qu'on offre à l'enfant pour lui apprendre à lire. Elle peut prendre diverses formes selon les programmes, les méthodes, les initiatives personnelles, etc. Mais elle *doit* produire la même réponse, soit l'apprentissage de la lecture. Apprentissage réel, c'est-à-dire permanent, généralisé, universel. L'enfant qui sait vraiment lire peut transférer les apprentissages réalisés en classe à une nouvelle situation de lecture (ex.: une autre histoire, un autre livre, les panneaux routiers, les dépliants publicitaires, une note de maman sur le comptoir de la cuisine, etc.). S'il n'arrive pas à effectuer ces transferts, c'est qu'il ne lit pas réellement.

Avec l'arrivée, dans les écoles du Québec, ces dernières années, du nouveau programme de français favorisant une approche «globalisante» de la lecture, on a produit, je l'ai déjà dit plus tôt, un bon nombre d'enfants qui *photographient* les mots au lieu de les lire effectivement. Ils mémorisent les formes ou dessins que nous appelons «mots» et peuvent les rappeler dans certaines situations. Mais comme, dans cette mémorisation, on ne se soucie pas suffisamment des autres processus d'apprentissage de l'enfant, il ne peut s'adapter à une nouvelle situation.

Bon nombre d'enseignants, conscients de ces phénomènes, vont organiser en conséquence leur enseignement *et* leur évaluation de la lecture. Mais pas tous. Malheureusement... C'est alors le parent qui, au hasard des situations de la vie courante, va se rendre compte que le «transfert des apprentissages» n'a pas lieu. C'est alors à lui qu'il revient de chercher de l'aide. Suivre son instinct, comme nous venons de le dire. On a souvent dit, dans certains milieux d'ortho-pédagogie, entre autres au Centre d'apprentissage de l'Université McGill — Hôpital de Montréal pour les enfants, que: «derrière chaque enfant en difficulté qui s'en sort, il est un parent persévérant» ou obstiné? déterminé? décidé? Peu importe l'expression qu'on privilégie, on parle d'un parent qui ne lâche pas. Que rien n'arrête. Qui ne se laisse pas intimider par des professionnels trop expéditifs dans leurs jugements.

Je pense à cette maman qui s'est fait dire, un jour, par un psychologue scolaire: «Cessez donc de pousser Jean-Marie; il n'ira jamais plus loin qu'une troisième année de toute façon.»

Heureusement pour Jean-Marie, sa maman avait plus de discernement que le très sérieux «profes-sionnel de l'éducation» qui lui faisait face! À ce moment-là, Jean-Marie avait neuf ans, il était toujours en deuxième année et il avait épuisé toutes les ressources du milieu: classe d'attente, classe intégrée, classe T.G.A. (Troubles Graves d'Appren-tissage), orthophonistes, orthopédagogues en dénom-brement flottant, psychologues, etc. Toujours sans trop de succès... mais toujours aussi *sans aller véritablement au bout d'une démarche.* Nicholas Hobbs a écrit: «L'action du système scolaire se distingue souvent par son arbitraire et sa fantaisie.»

Dans notre milieu, les «mesures d'aide», déterminées plus souvent qu'autrement par des préoccupations administratives plutôt qu'éducatives, doivent se situer et donner des résultats à l'intérieur du calendrier scolaire, soit de septembre à juin. En fin d'année scolaire, quand on planifie les services pour l'année suivante, c'est généralement pour *toute* l'année suivante. «Le budget a de ces raisons que la raison ne connaît pas!» Or, l'enfant qui aurait besoin de quelque trois mois supplémentaires pour mener à terme une démarche amorcée donnant des résultats intéressants ne peut habituellement pas recevoir ce genre de service. Alors, ou bien on bouscule son passage à «autre chose», ou bien on le «laisse voler de ses propres ailes» juste un peu trop tôt. Il y a fort à parier qu'il se retrouvera peu de temps après dans de nouvelles difficultés. On saborde ainsi souvent les bénéfices réels des services qui ont déjà été offerts.

Revenons à Jean-Marie. C'est un peu ce qui lui est arrivé. Après deux ou trois ans de services spéciaux «avortés en juin», c'était l'impasse. Bien connu de son milieu scolaire après tant de discussions de cas et de placements spéciaux, il cheminait avec, accrochée au cou, l'étiquette invisible de déficient léger. À cette étiquette, on associait le fonctionnement «typique»: limites scolaires, intégration sociale difficile, comportements imprévisibles et, bien sûr, attentes irréalistes des parents, négation des problèmes, ego meurtri par l'échec de leur enfant, etc.

Et si Jean-Marie n'avait pas été réellement un «déficient léger typique»? Personne ne semblait s'être posé la question, sauf papa et maman. Ces parents sentaient bien qu'on ne pouvait déterminer d'avance les limites que Jean-Marie atteindrait sur le plan scolaire. Ils durent frapper à plusieurs portes avant qu'on partage leur inquiétude, qu'on accepte de le «réévaluer». Jean-Marie fut donc réévalué en milieu hospitalier, mais dans une autre optique, c'est-à-dire non plus en fonction de ses limites, mais en fonction de ses capacités. Pour la première fois depuis qu'il allait à l'école, après quatre années, on le voyait enfin comme un enfant possédant certaines forces qu'il fallait développer au maximum et certaines faiblesses, très réelles, dont on ne connaissait pas vraiment l'importance. On décidait d'aller aussi loin que possible avec Jean-Marie. Une tout autre perspective!

Aujourd'hui, Jean-Marie, qui a toujours besoin de beaucoup d'aide (individuelle et en petits groupes), fonctionne relativement bien, même s'il connaît des moments difficiles. Il est en quatrième année pour certaines matières et en troisième pour d'autres. Le pronostic du psychologue en a pris pour son rhume! Maintenant c'est aux limites du secondaire que se trouverait la barrière, toujours selon le même psychologue! Nous verrons bien. Il est très évident que, à cause de ses limites intellectuelles, Jean-Marie ne pourra pas profiter de toutes les possibilités offertes par nos programmes d'enseignement. Mais personne n'a le droit de préjuger de ses capacités. Ce qu'il ne pourra maîtriser, il faudra avoir la sagesse de l'en exempter sans pressions indues. Même si l'enfant ne peut s'attaquer, et il ne pourra sans doute jamais le faire, aux grands classiques, il lit très convenablement (en fait, beaucoup mieux que bien des étudiants de classes régulières «non étiquetés»). Il a encore beaucoup de mal à s'exprimer par écrit et ne pourra probablement jamais réellement satisfaire aux exigences du sacro-saint programme officiel de français. Mais, doué d'une excellente mémoire visuelle, il a bel et bien dépassé le stade «d'écriture au son» qu'on retrouverait, paraît-il, même au niveau universitaire, ces années-ci. En mathématiques, il ferait honte à bien des étudiants «dits réguliers», parce que Jean-Marie «connaît ses tables de multiplication sur le bout des doigts». Il a aussi maîtrisé les concepts de base des quatre opérations, mais il lui a fallu plus de répétitions que la majorité des autres enfants. La résolution de problèmes représente évidemment un défi de taille et nous n'avons aucune garantie de le voir y arriver un jour. Mais entre-temps...

L'aide individuelle qu'il a reçue, se modulant sur

son potentiel spécifique, lui a permis de développer ses talents et ses intérêts, de prendre conscience de ses limites et de ses forces et de grandir selon son potentiel réel. Le milieu scolaire, un peu forcé par l'intervention de l'extérieur (milieu hospitalier et clinique privée), petit à petit, a modifié son attitude vis-à-vis de Jean-Marie et accepté d'inventer de nouvelles réponses à ses besoins. Heureusement que ses parents n'ont pas lâché!

Beaucoup d'autres petits Jean-Marie, en difficulté non «dépistée» à l'école, ont besoin d'un parent capable d'observer à la maison les signes d'un apprentissage «perturbé» de la lecture ou les indices d'un malaise qui pourrait y être relié.

Quelques pistes d'observation

Pour identifier les problèmes de lecture:

• **inversions de lettres semblables**: confondre les lettres qui se ressemblent comme: b/d, p/q, n/m, u/n, etc.;

• **confusions phonétiques ou visuelles**: confondre des sons comme f/v, t/d, g/k ou des lettres comme f/t, h/n, etc.;

• **inversions dans l'ordre des lettres**: inverser les lettres dans les syllabes comme pro/por, cla/lac, etc.;

• **omissions/ajouts/substitutions de mots**: lire en ajoutant, en escamotant ou en transformant des mots ou des parties de phrases;

• **validation déficiente du texte**: lire une phrase, un paragraphe ou une histoire sans en comprendre le sens (ex.: ne pas pouvoir redire en ses propres mots ce qui a été lu).

De façon générale, lire *nettement* plus difficilement que les autres enfants du même âge ou de la même classe et ce, pour une période qui dure, qui va au-delà de l'épisode «passager».

Pour identifier les processus de lecture:

• **orientation spatiale**: confondre la gauche et la droite, le haut et le bas, des termes comme: avant / après, devant / derrière, plus / moins;

• **orientation temporelle**: ne pas pouvoir suivre ou mal interpréter des directives ou des consignes simples; ne pas pouvoir raconter les événements en ordre; oublier trop facilement le nom des choses, des jours, des mois, des saisons; «perdre le fil de ses idées» en racontant une histoire;

• **langage**: exprimer ses idées de façon ambiguë, au point que les autres ne comprennent pas; ne pas terminer ses phrases ou abandonner ses idées parce que les autres ne comprendront pas; ne pas saisir les jeux de mots, blagues, devinettes; ne pas pouvoir répéter ce qui vient d'être dit;

• **affectivité**: avoir peu d'amis ET en être malheureux; ne pas garder ses amis; avoir des amis plus jeunes; ne pas pouvoir prévoir les conséquences de ses gestes; agir de façon impulsive; se trouver aisément bouleversé ou frustré au moindre changement de routine.

Comme il a été dit maintes fois, tout enfant peut, à un moment ou à un autre de son développement, présenter l'un ou l'autre de ces symptômes, sans qu'il faille s'en alarmer.

C'est la présence de *plusieurs* de ces symptômes à la fois, *de façon continue,* qui devrait déclencher des réactions. Ceci ne signifie pas qu'il faille courir chez le premier spécialiste disponible ou faire le porte-à-porte des professionnels pour obtenir un diagnostic. Quand l'un ou plusieurs de ces symptômes frappent votre attention, il faut d'abord et avant tout

OBSERVER:

ce qui se passe exactement

quand cela se passe

à quelle fréquence revient ce comportement

dans quelles circonstances particulières

Ainsi si vos appréhensions initiales se confirment et vous amènent à consulter, vous aurez en main des observations de bonne qualité à soumettre au professionnel, lequel pourra plus facilement orienter sa propre investigation de façon précise.

Maintenant que vous possédez de bonnes indications, où devez-vous vous adresser?

D'abord et avant tout, à l'école, *au titulaire de votre enfant* qui, premier responsable du quotidien scolaire de votre enfant, a sans doute beaucoup à vous dire sur ce qui se passe en classe et est certainement désireux de savoir ce qui se passe à la maison. Vous avez fort probablement de précieuses informations et suggestions à échanger.

Il importe que vous abordiez cette rencontre avec le plus d'objectivité possible, dans un esprit d'ouverture à l'autre. Cela n'est pas toujours facile: les problèmes de votre enfant vous atteignent profondément et vous sentez le besoin de le protéger. Dans ce contexte, demeurer objectif, il est vrai, n'est pas tâche facile. Mais l'effort que vous mettrez à le faire vous vaudra peut-être une communication de meilleure qualité avec l'enseignant. Vous vous devez donc, et vous devez à votre enfant, de rencontrer cet enseignant (en prenant rendez-vous au préalable pour vous garantir sa disponibilité) pour lui communiquer vos inquiétudes et vos observations, *mais aussi* pour:

- écouter et ainsi mieux connaître les buts et objectifs que l'enseignant se donne par rapport à votre enfant et à l'ensemble de sa classe;
- vous efforcer de comprendre la situation particulière de l'enseignant et les conditions dans lesquelles il se trouve;
- ne pas hésiter à poser toute question qui permettrait de mieux saisir les faits;
- demander quelles sont *ses* suggestions et

discuter avec lui dans quelle mesure elles sont applicables compte tenu du contexte familial;
• tirer profit de son expérience et de sa connaissance de votre enfant afin d'en avoir une vue plus objective;
• mettre en commun ses idées et les vôtres sur la situation.

Il faut se donner, de part et d'autre, une échéance, un «certain» temps pour mettre à l'épreuve les idées et suggestions échangées à cette rencontre. Quand je dis «un *certain* temps», cela suggère des limites, n'est-ce pas? Une année scolaire dure dix mois. Il saute aux yeux qu'on ne peut en prendre les trois quarts, ni même la moitié, «pour voir ce qui va marcher ou ne pas marcher». Des mesures efficaces, réellement efficaces, produisent des *résultats observables* en moins d'un mois, tout au plus deux. C'est l'ultime limite à se donner pour «refaire contact», pour se dire «Bravo! Ça marche. On continue» ou «Bon! Ça ne marche pas. Maintenant, qu'est-ce qu'on fait?»

Dans cette dernière éventualité, lors du retour à l'école, c'est le moment, à mon avis, d'amorcer ce que j'appelle une «démarche en parallèle», c'est-à-dire que, d'un côté, l'école fait une investigation plus approfondie de la situation de l'enfant tandis que, de l'autre côté, le parent vérifie ce qu'il en est de la santé de son enfant. Pour les besoins de la discussion, je séparerai ici ces deux facettes d'un même processus d'évaluation que je désignerai ainsi: l'aspect psycho-académique (sous la responsabilité de l'école) et l'aspect physique (sous la responsabilité de la famille).

L'aspect psycho-académique (fonctionnement psychologique et scolaire)

L'efficacité d'une intervention en orthopédagogie est directement liée au sérieux, à la précision et à la rigueur de l'évaluation qu'on fait du problème en question. Je cite, à ce sujet, le Dr Margie Golick, psychologue au Centre d'appren-tissage McGill — Hôpital de Montréal pour les enfants, qui écrit dans «Troubles d'apprentissage — guide pour les parents» (publié par l'A.Q.E.T.A):

> «Cette évaluation doit porter sur l'ensemble de l'intelligence, indiquant autant les forces que les faiblesses, elle doit comprendre une évaluation du langage et des habiletés perceptuelles et motrices de même qu'une investigation complète des habiletés académiques... il ne suffit pas de pouvoir indiquer à quel niveau d'apprentissage de la lecture, de l'épellation ou du calcul l'enfant en est arrivé. On doit savoir en détail où en est l'enfant dans l'apprentissage des bases de ses matières et quels en sont les aspects qu'il a bien maîtrisés.» (p. 11)

Normalement, une telle évaluation requiert l'intervention conjointe du psychologue et de l'orthopédagogue. Normalement aussi, l'école elle-même devrait avoir déclenché ce processus d'évaluation si les mesures initiales n'ont pas rapidement porté fruit. Cependant, il arrive que le parent doive la demander en s'adressant d'abord au titulaire ou, si on tarde à donner suite à la demande, à la direction de l'école.

Dans certains milieux, le parent est véritablement considéré comme un *partenaire* de l'école; il est alors possible de travailler, famille-école, dans le respect mutuel et la collaboration. Malheureusement, il existe encore beaucoup d'autres milieux où le parent est vu comme l'intrus, la menace, l'«empêcheur de tourner en rond», etc. Il n'en demeure pas moins que

le parent a le droit d'être informé et consulté
quant au plan d'intervention que l'école met
en place auprès de son enfant.

Cela signifie qu'il devrait:

• savoir quand une évaluation (psychologique, orthopédagogique ou autre) prend place et en quoi elle consiste;
• connaître et se faire expliquer clairement le résultat de cette/ces évaluation/s;
• avoir l'occasion de communiquer à l'école toute information pouvant aider celle-ci à mieux connaître les besoins de l'enfant: état de santé, cheminement scolaire passé, etc.
• être informé quant aux ressources d'aide disponibles dans la communauté (milieu scolaire, hospitalier, privé);
• avoir son mot à dire quant aux mesures que l'école suggère pour aider son enfant (ce qui suppose que le parent participe à la rencontre de synthèse qui suit normalement la démarche d'évaluation, regroupant tous les intervenants et la direction de l'école);
• avoir accès au dossier de son enfant;
• recevoir un rapport écrit des évaluations réalisées auprès de l'enfant de façon à pouvoir, s'il y a lieu, plus tard, assurer la continuité des services dont l'enfant a besoin.

Tout au long de cette démarche, on ne devrait pas hésiter à prendre des notes, la mémoire, chez tous et chacun d'entre nous, pouvant nous jouer de mauvais tours quand notre émotivité est en jeu. À noter le nom des personnes contactées, les dates, le contenu tant de l'appel téléphonique que de la rencontre, etc. Vous me direz que cela revient presque à «monter un dossier»? Eh bien oui! Pourquoi pas? Je suis tout à fait en faveur de la confiance mutuelle. Mais, après quelque 25 années dans le milieu, je suis aussi devenue réaliste. Je sais qu'il arrive que de beaux projets, de belles promesses se perdent «dans la nuit des temps»! Et si on doit revenir à la charge, il faut avoir en main le matériel voulu pour «aider» la mémoire.

Revenir à la charge, cela signifie revenir à l'école et aux intervenants qui participaient à la dernière rencontre. Le milieu scolaire est particulièrement chatouilleux lorsqu'il s'agit de son échelle hiérarchique. Il faut donc prendre soin, pour n'indisposer personne, de n'aller à l'échelon supérieur d'autorité que quand, et seulement quand tout autre recours a été épuisé à chaque échelon. Ainsi faudra-t-il, peut-être, aller de l'enseignant au directeur de l'école, du directeur au responsable des services aux étudiants à la commission scolaire, et toujours, ce faisant, user de beaucoup de tact, de souplesse, de sens pratique, de patience. Certains services spécialisés sont aussi offerts en milieu hospitalier et en pratique privée. Faute de résultats en milieu scolaire, c'est une possibilité toujours ouverte au parent qui refuse de démissionner. Et quand la «filière-services» est épuisée, il reste encore l'instance politique: le commissaire d'école du quartier d'abord, puis, s'il le faut, le député. Un des rares privilèges du payeur de taxes!

Avouons-le cependant, il est bien frustrant, au Québec, de payer ces taxes sans être assuré des services voulus. Car c'est là la triste réalité: nous n'avons encore aucune loi qui garantisse aux enfants en difficulté les services qui pourraient réellement régler leurs problèmes une fois pour toutes. Aux États-Unis et en Ontario, pour ne nommer que ces deux régions, de telles lois existent et sont rigoureusement, parfois trop rigoureusement, mises en application. Ici, il y a bien la Loi sur l'instruction publique qui dit que «tout enfant a le droit de bénéficier d'un système d'éducation qui favorise le plein épanouissement de sa personnalité.» Il y a bien eu aussi, en 1978, un beau document, publié par le M.É.Q., intitulé «L'École québécoise. L'Enfance en difficulté d'adaptation et d'apprentissage». Mais il faut se demander comment ces beaux écrits se traduisent dans la réalité quotidienne des enfants en troubles d'apprentissage et de leurs parents en quête de ressources appropriées. On en vient à souhaiter que ces voeux pieux soient traduits en lois et en règlements qui *garantissent* vraiment l'aide nécessaire à l'enfance en difficulté d'adaptation scolaire. De telles lois définiraient, j'imagine, la clientèle, les critères et procédures d'évaluation, le type et la qualité des services à dispenser, les obligations des commissions scolaires, les modalités d'application de ladite loi, les sanctions en cas de «prise en défaut», etc. En attendant de telles mesures, à chacun de mettre en oeuvre ses talents de persuasion face à des commissions scolaires qui n'ont pas «l'obligation», mais la «responsabilité»:

> «en collaboration avec les comités d'école et les comités de parents, de planifier le développement et l'organisation des services aux élèves en difficulté qui permettront à chacun d'entre eux d'avoir accès à une éducation de qualité dans le cadre le plus normal possible». (*L'École québécoise*, p. 23)

Tant de termes mal définis, vagues, laissés à l'interprétation de chacun, ouvrant la porte à l'arbitraire, à la fantaisie, au ridicule, à l'abus de pouvoir! Il y a de quoi s'inquiéter!

Il reste quand même que, dans la majorité des cas, il n'est point nécessaire, pour obtenir de l'aide, d'aller jusqu'à la porte du ministre de l'Éducation pour obtenir l'aide voulue! Bien que je connaisse personnellement deux familles qui ont dû aller jusqu'à ces extrêmes.

Revenons à des réalités plus courantes, c'est-à-dire à l'aspect physique de votre démarche parallèle.

L'aspect physique

Il importe, pour compléter un processus sérieux d'évaluation psycho-académique, de vérifier la condition physique générale de l'enfant. *First things first.* Il faut s'assurer que «l'équipement de base», si vous me permettez l'expression, est en état de répondre aux stimulations qu'amène la situation d'apprentissage. Votre meilleur allié, à ce moment-ci, sera le *pédiatre*.

Il y a dix ans, on aurait cherché en vain un pédiatre réellement sensibilisé aux problèmes scolaires. À cette époque, la pratique traditionnelle en pédiatrie limitait encore ses préoccupations à l'état physique du patient comme tel, tout au plus. Aujourd'hui, nous rencontrons de plus en plus de pédiatres «aux horizons ouverts» qui, non seulement accueillent bien les inquiétudes et les questions des parents, mais qui parfois même prennent l'initiative de s'informer du fonctionnement scolaire de l'enfant. Si vous avez le sentiment que le pédiatre que vous consultez déjà ne veut ou ne peut s'attarder à cette dimension du problème de l'enfant, vous avez droit à une seconde opinion.

Il vous sera sans doute relativement aisé de trouver un de ces pédiatres «nouvelle vague» dans l'un ou l'autre des centres hospitaliers pour enfants, du moins dans les grands centres urbains, les régions éloignées de notre trop grande province étant encore une fois désavantagées.

Avec ce pédiatre, il sera sans doute question de vision, d'audition, d'alimentation, de croissance générale, de réflexes nerveux, de stature, d'équilibre nutritif. Ce dernier élément, trop souvent absent de nos évaluations, n'en demeure pas moins un facteur

193

important à considérer lorsqu'on fait le bilan des atouts et des limites d'un enfant en difficulté. Avec notre alimentation *fast food*, nos menus préparés d'avance, notre surconsommation d'additifs et de produits chimiques divers, les enfants reçoivent-ils vraiment tous les éléments nutritifs nécessaires au développement et au bon fonctionnement du cerveau et, par conséquent, à l'apprentissage?

Récemment, un garçon de dix ans s'est présenté à mon bureau, à 18 h 30, pour une évaluation. Maman, qui avait travaillé toute la journée à son bureau du centre-ville, avait dû courir chercher son fils en banlieue pour l'amener à son rendez-vous et n'avait pas eu le temps de faire le souper. Dans la salle d'attente, je faisais connaissance avec un enfant déjà légèrement obèse, qui «engouffrait» littéralement deux beignes au chocolat et une boisson gazeuse et qui pouvait compter sur une tablette de chocolat comme en-cas s'il avait faim pendant l'entrevue! C'était peut-être là, je veux l'espérer, une circonstance exceptionnelle dans cette famille. Mais s'il n'en est pas ainsi, les conséquences, non seulement sur l'état de santé de l'enfant, mais également sur ses capacités d'apprentissage, sont certainement néfastes.

Que disait-on autrefois? «Un esprit sain dans un corps sain»? C'est encore vrai aujourd'hui. Le corps sain, c'est en quelque sorte la carrosserie dans laquelle le moteur (c'est-à-dire le cerveau) doit fonctionner. Les habitudes d'alimentation et de sommeil de nos enfants sont souvent déplorables; elles ont pourtant un impact *majeur* sur leur santé *et* sur leur apprentissage.

Le pédiatre vous demandera peut-être de remplir un questionnaire. Profitez-en pour lui décrire le passé médical de votre enfant, y compris ces détails que vous croyez sans importance. Le pédiatre, lui, pourrait y trouver des informations susceptibles de l'éclairer. Exprimez-lui vos craintes, vos inquiétudes, vos préoccupations et vos questions. Demandez-lui ce qu'il pense des habitudes d'alimentation et de sommeil de votre enfant.

Peut-être vous conseillera-t-il de consulter un confrère spécialiste (ophtalmologiste, audiologiste, orthophoniste, neurologue, etc.) pour pousser plus à fond sa propre investigation. Donnez suite à sa recommandation. Ne négligez aucune piste qui pourrait vous éclairer sur la cause possible des difficultés de votre enfant. Cela permettra peut-être d'apporter une solution corrective quelconque à une condition physique déficiente ou, faute de corriger le déficit physique, d'adapter les moyens d'intervention.

Souvent, quand un enfant est agité ou manque d'attention et de concentration à l'école, le pédiatre prescrit une médication. N'hésitez surtout pas alors à lui demander:

> • pourquoi ce médicament est prescrit;
> • quels effets il devrait produire, y compris les effets secondaires susceptibles d'affecter le sommeil, l'appétit, la croissance et le comportement de l'enfant;
> • combien de temps ce médicament devra être administré à l'enfant;
> • quel contrôle ou suivi il entend vous offrir pour évaluer les effets réels de la médication et le renouvellement de la prescription;
> • par quoi on pourrait remplacer ce médicament (est-ce vraiment la seule solution possible?).

Assurez-vous de bien saisir la fréquence d'emploi et la posologie du médicament et ne les altérez d'aucune façon sans consulter de nouveau votre pédiatre.

L'enjeu est trop important pour que vous acceptiez de sortir du bureau du médecin sans les réponses à vos questions et sans une bonne compréhension du diagnostic et, s'il y a lieu, du traitement suggéré. Car c'est à vous qu'il appartiendra de transmettre à l'école toute information que vous aura communiquée votre pédiatre et qui influera sur l'apprentissage de votre enfant.

De façon générale, c'est aux parents qu'il revient d'informer l'école des résultats de l'examen médical de l'enfant. Le médecin n'a que très rarement le temps de communiquer directement avec l'école. N'hésitez pas à prendre des notes, s'il le faut, et à bien vous faire expliquer par le médecin les conclusions auxquelles il en est arrivé. Demandez-vous avec lui dans quelle mesure ces conclusions ont un impact sur l'apprentissage scolaire.

La synthèse

À l'école, une fois obtenus les résultats de l'examen psycho-académique et de l'examen physique, il faut tracer *ensemble,* parents et école, un plan d'intervention. C'est la phase *action!* L'école doit vous informer en détail des mesures qu'elle compte mettre en place pour aider votre enfant, vous indiquer le *pourquoi* et le *comment* de l'intervention projetée. De part et d'autre, on doit convenir d'un échéancier: quand et comment vérifiera-t-on l'efficacité des mesures qu'on adopte afin de les ajuster si nécessaire. L'échéancier, ce n'est pas la fin de l'année scolaire. Je l'ai déjà dit et je le répète: une année scolaire dure dix mois. Les étapes de «vérification» devraient revenir tous les deux mois, tout au plus. Ainsi il est toujours possible de s'ajuster avant qu'il ne soit trop tard. Si nécessaire (comme dans le cas de problèmes de comportement ou d'attitudes), on rapproche cette échéance.

La rééducation, plus ou moins intensive, d'un enfant en difficulté d'apprentissage se déroule, la plupart du temps, en «voie parallèle» par rapport au fonctionnement du groupe-classe en général. Cela signifie donc que le «bulletin d'étape», résultat des évaluations subies par le groupe-classe même, ne peut refléter les progrès qui doivent précisément retenir notre attention et soutenir la motivation de l'enfant. Il faut donc prévoir un instrument qui complète le bulletin d'étape et fasse état des progrès de l'enfant mesurés par rapport à lui-même et non par rapport au groupe régulier.

Les modalités de cette évaluation en cours de rééducation doivent être prévues au moment même de la rencontre-synthèse, et les parents doivent en être informés.

Les parents doivent aussi savoir à ce moment quelle collaboration on attend d'eux à la maison. L'école a ses responsabilités. Les parents aussi. Car ce sont eux qui doivent vivre à la maison avec cet enfant en difficulté.

Chapitre 7

Comment aider
à la maison

Que se passe-t-il maintenant? L'évaluation a été faite. Un diagnostic a été posé. Des recommandations ont été formulées. Le problème existe et il faut s'en occuper. À l'école comme à la maison, on doit aider l'enfant à atteindre un plus juste équilibre entre potentiel et rendement. Il faut, à la maison, emboîter le pas dans ce plan d'intervention suggéré par l'évaluation. Il n'est pas d'intervention profession-nelle, aussi adéquate qu'elle soit, qui puisse donner de réels résultats sans la coopération constante du parent. Celui-ci doit donner de son temps et de son énergie, et parfois beaucoup plus qu'il ne l'avait prévu au départ.

Disons tout de même, avant d'aller plus loin, que, si importants qu'ils soient, les problèmes scolaires ne valent jamais la peine qu'on leur sacrifie une relation parent-enfant qui serait, en d'autres circonstances, heureuse. Il n'y a pas que les résultats scolaires qui

199

comptent. Savoir qu'on est aimé et respecté pour ce qu'on est véritablement contribue sans doute beaucoup plus à l'équilibre de la personnalité que de rapporter «un beau bulletin» à la maison quand on est enfant.

Le parent est d'abord et avant tout *parent*. Pas le substitut de l'enseignant ou de l'orthopédagogue. L'enfant est d'abord et avant tout *enfant*. Pas seulement un écolier qui a des travaux à faire. Au parent de garder une juste perspective des choses et de chercher l'équilibre entre l'attention requise par le problème scolaire et les autres besoins de l'enfant et de la famille.

Confronté à l'échec ou à une difficulté sérieuse de leur enfant, les parents vivent parfois un choc, plus ou moins profond selon leur personnalité propre, et ce choc entraîne inévitablement toute une variété d'émotions diverses: le refus, la colère, l'envie, la culpabilisation, la peine, le sentiment qu'une injustice leur est faite, l'acceptation, l'espoir, etc. Et pas nécessairement dans cet ordre-là. En un mot, une ambivalence de sentiments dont certains sont difficiles à admettre. Il reste que reconnaître en soi ces émotions, qu'on qualifie parfois, à tort, de «négatives», signifie souvent qu'il n'est pas ou n'est plus nécessaire de les supprimer ou de les compenser pour se déculpabiliser. Il est normal d'être désappointé. Il est normal de l'exprimer à l'enfant, et de ne pas toujours le faire adroitement. Il est tout aussi normal de dire à un enfant qu'on est désappointé, peiné, inquiet que de lui dire qu'on l'aime. C'est un sain apprentissage de la vie pour l'enfant que de savoir que les relations humaines sont faites de sentiments ambivalents, contradictoires. «Je t'aime, mais je n'aime pas du tout ce que tu fais ou ce qui t'arrive.» Dans la mesure où l'on prend conscience et où l'on admet ces réalités soi-même, il devient possible de trouver les mots pour en parler avec l'enfant et de l'aider à exprimer ses propres émotions et frustrations. Il n'est pas de modèle plus éloquent pour un enfant que celui que lui offrent ses parents jour après jour. Les discours et les «sermons» ne vaudront jamais l'«exemple» quotidien.

Au départ, il importe donc, comme parent, de prendre conscience de ses *attitudes*, de ses comportements et de ses émotions afin d'aider l'enfant à faire lui-même ce cheminement. Il faut savoir aussi qu'il y a des *moyens* à prendre à la maison, pour aider l'enfant en difficulté.

Les attitudes

Quelles que soient la nature et la gravité du problème, au-delà des mesures scolaires comme telles, il importe encore plus de développer de saines attitudes face à la situation. Scott Pope, conseiller au Centre Atkinson de l'Université York de Toronto, va même jusqu'à dire qu'une rééducation axée uniquement sur le fonctionnement académique sans égard aux attitudes mentales ne réglera jamais rien en profondeur.

Scott sait de quoi il parle, lui qui, ayant décroché sa maîtrise ès arts à l'Université York, ne lit toujours pas au-delà d'une troisième année élémentaire! Dyslexique ou plutôt, comme le veut la nouvelle terminologie des problèmes d'apprentissage, en Ontario, *print-handicapped*, il ne peut décortiquer un message écrit. En Ontario, des services et des lois existent qui garantissent aux élèves qui éprouvent de graves difficultés d'apprentissage toute l'aide requise pour poursuivre leurs études, même jusqu'au niveau universitaire. Grâce au soutien infaillible et à la collaboration constante de ses nombreux parents et amis, Scott a donc poursuivi ses études, obtenu sa maîtrise et il envisage même d'obtenir son doctorat. On lui a permis d'étudier à l'aide de livres enregistrés sur cassettes, de passer ses examens oralement, de dicter ses travaux au magnétophone, etc.

Tout jeune, avant qu'on ne comprenne ce qu'il vivait, Scott a eu droit à toutes les étiquettes possibles: paresseux, mésadapté, délinquant, déficient, stupide, etc. Il est passé par toutes sortes d'écoles d'où il a été évincé, d'où il s'est enfui. Il raconte aujourd'hui ses années de rage: la drogue, les batailles avec tous, y compris les professeurs, les tentatives de suicide, le découragement, etc. Jusqu'à ce qu'il trouve une école où on reconnut enfin son intelligence, son potentiel et son handicap.

Une école où on lui permit d'étudier selon ses modalités propres: magnétophone, livres sur cassettes, examens oraux, amis qui prenaient ses travaux en dictée, etc. Parce qu'il avait un but accessible, une volonté ferme de s'en sortir, de se prendre en main et de se réaliser pleinement, Scott a refait surface et est devenu, avec beaucoup d'effort et de travail, le professionnel compétent, reconnu et respecté qu'il est aujourd'hui.

Faire face au problème

Quand on lui demande ce qui a fait tourner le vent en sa faveur, Scott répond: «Le jour où j'ai accepté de faire face à la réalité, j'ai pu aller de l'avant. Il a fallu que j'arrive à me dire: «Oui, j'ai un trouble d'apprentissage qui va me rester pour la vie et je n'ai d'autre recours que d'y faire face.» Mes parents ont toujours été, et sont encore, prêts à m'appuyer. Mais ils ne prenaient pas mes responsabilités à ma place. Je savais que, si je faisais une gaffe, je devrais en répondre.»

Tous les enfants en difficulté n'ont pas, comme Scott «un problème pour la vie»: certains, s'ils sont aidés adéquatement, s'en sortiront à plus ou moins brève échéance. Mais tous peuvent tirer quelque profit des propos tenus par Scott et des lignes de conduite qu'il se donne:

- s'accepter tel qu'on est;
- se prendre en main;
- assumer les conséquences de ses gestes.

L'enfant ne naît pas avec de telles attitudes. On doit l'aider à les développer, lui fournir un «modèle» à suivre. S'accepter tel qu'on est, cela signifie, dans certains cas, qu'un enfant, tout en ayant le potentiel pour réussir, pour une raison ou une autre n'y parviendra pas sans grands efforts. Cela signifie aussi, parfois, que l'enfant n'a pas le potentiel pour réussir *comme ses parents le souhaiteraient*; dans ce cas, ceux-ci doivent adapter leurs exigences et leurs attentes. Il va de soi que, si les parents n'acceptent pas la réalité même de leur enfant, l'enfant, seul, n'y parviendra pas et se préparera ainsi une longue suite de frustrations allant bien au-delà du cadre scolaire.

Il n'y a pas de place ici pour les comportements surprotecteurs. Déjà, en classe, l'enfant en difficulté vit, sous une forme ou une autre, un rejet plus ou moins ouvert, une certaine marginalisation. Il connaît la frustration profonde de travailler plus fort que les autres pour des résultats moindres. Ou celle de se retrouver constamment à ne rien comprendre de ce qui se passe autour de lui.

Il faut l'aguerrir et non le couver, le préparer à affronter les difficultés et les frustrations et non pas le faire à sa place, et, en même temps, veiller à ce qu'il s'en sorte aussi «intact» que possible.

Faire face au problème, c'est bien connaître et comprendre l'impact que celui-ci a ou aura sur l'apprentissage de l'enfant en général. L'évaluation devra normalement avoir répondu aux questions que le parent se pose. Sinon, il faudra revenir à la charge et insister auprès des professionnels en cause. Il faut aussi être capable de voir les atouts comme les limites que l'enfant possède pour surmonter son problème et savoir utiliser les uns, contourner ou compenser les autres. ET PARLER DE TOUT CELA AVEC L'ENFANT!

Revenons à Scott Pope: «Chez nous, on se parlait. Mes parents m'associaient à leurs décisions dans la maison, à leurs préoccupations, à leurs projets. Ils s'ouvraient à moi et m'apprenaient ainsi à m'ouvrir à eux. Nous parlions ouvertement de mon problème, de mes difficultés. Nous prenions les décisions qui me concernaient après avoir pesé le pour et le contre *ensemble* et en avoir anticipé les conséquences.»

Scott souligne comme il lui a été précieux d'apprendre, dans ces dialogues avec ses parents, à s'exprimer, mais aussi à écouter l'autre, à réagir sainement aux critiques, à tirer profit de ses erreurs. «Qu'est-ce que je peux apprendre de cette situation pour que ça marche mieux la prochaine fois?» a-t-il pris l'habitude de se répéter devant une difficulté ou un échec.

L'enfant sait, plus ou moins confusément, que quelque chose ne tourne pas rond, qu'on en parle avec lui ou pas. Inutile de faire l'autruche, d'essayer de lui cacher qu'il a un problème sous prétexte de ne pas le marginaliser: il est déjà marginalisé du simple fait qu'il ne fonctionne pas au même rythme que les autres. Comment pourra-t-il, lui, faire face au problème et accepter sa situation difficile si ses parents n'arrivent même pas à en parler avec lui? Disons-nous bien que, si un enfant est assez grand pour avoir un problème à l'école, il est assez grand pour qu'on en parle avec lui. Peut-être faudra-t-il adapter le langage à son niveau de compréhension et à sa sensibilité, mais il faudra PARLER avec lui. Premier concerné dans ce problème, il est souvent le dernier à qui on en parle, malheureusement.

Au début d'une évaluation, je demande toujours à un enfant s'il sait pourquoi il est venu me voir. Je suis ébahie du nombre d'enfants qui m'ont jusqu'à maintenant répondu par la négative. Tout comme je le suis du nombre de professionnels dits «en relation d'aide» qui ne peuvent encore accepter l'idée que l'enfant et ses parents ont leur place, et leur mot à dire dans les discussions de cas. Il est bien sûr des situations où le manque de maturité de l'enfant ou sa fragilité émotive ne permettent pas une telle ouverture. Il faut alors scinder l'entrevue en deux parties et s'assurer que l'une d'elles se déroulera nécessairement avec l'enfant. Ainsi, de retour à la maison, parents et enfant pourront rediscuter de tout cela ensemble, entreprendre *ensemble* la difficile (parfois) étape d'acceptation du problème.

Cette acceptation, premier pas vers l'éventuelle prise en charge par l'enfant lui-même de sa propre situation, suppose qu'on l'aide à se découvrir avec ses forces et ses limites, à voir dans quelle mesure ces forces vont permettre de compenser les faiblesses de sa performance. Il aura besoin d'un support constant pour maintenir une attitude positive.

Demeurer positif

Scott Pope se promène encore avec, en tête, ses «messages positifs». Ses succès professionnels actuels sont le résultat d'une longue et dure bataille qu'il doit regagner chaque jour. En effet, chaque jour, des situations, banales pour la plupart d'entre nous, représentent pour lui un nouveau défi pour lequel il doit trouver sa propre réponse. Imaginez un moment comment, sans savoir lire, on s'oriente dans le métro, dans une gare, dans un aéroport, dans une ville nouvelle; comment on fait ses emplettes au supermarché; comment on achète des disques; comment on déchiffre l'horaire de télévision; comment on fait ses transactions à la banque; comment... comment... Tant de situations problématiques! Mais

Scott envisage chacune d'elles, non pas comme une contrainte de plus, mais comme un défi de plus qu'il entend bien surmonter, comme une nouvelle victoire à remporter.

«Le négativisme est une malédiction qui nous limite, qui nous porte à éviter les situations. Chaque fois que je me surprends «en défaite», je remets mes «cassettes» en marche. Dans ma tête, je me suis créé des «cassettes» (*mental tapes*) qui me répètent, quand j'en ai besoin, ce qu'il y a de bon en moi, ce que je peux réussir, ce que j'ai déjà réussi, ce qu'il y a à apprendre de cette expérience qui me fait peur et qui me permettra d'être meilleur la prochaine fois.»

Les gens positifs savent utiliser leurs échecs pour apprendre, pour s'améliorer. Ils les voient comme des moyens d'atteindre un «mieux» en eux-mêmes. Je pense à ce grand gars solide, dyslexique et dysorthographique, qui, dans mon bureau, me disait: «Ce que toi, tu appelles mon problème, moi, je l'appelle ma chance. Cette difficulté m'a permis de pousser mes limites au maximum, de trouver mes propres solutions à mes problèmes. Je ne serais jamais devenu ce que je suis si je n'avais pas eu à faire tant d'efforts pour arriver à lire et à écrire comme je le fais maintenant.»

Lorsque je lui ai demandé, en cours d'évaluation, de m'écrire quelques lignes sur un sujet de son choix, voici ce qu'il m'a remis (que je reproduis, avec sa permission, tel quel):

Le problème qui n'ait pas un problaime

Je suis un eleve de secondair 4 qui a des problèeme dapprantisage. prolene non pluto une avantage si je navai pas eu se probleme je serai pas se que je suis aujhourduit. an naiten point doué pour l'école je mapliquai dan les sport. Cette dificulté ma appri a travaille ma fait veillir ma

206

donne peut etre un brin sagesse. Tout sa pour vous dire qun problem n'ait jamai un problaim.

Amener un enfant à penser de façon positive ne signifie pas qu'on doive le convaincre qu'au lieu d'«être bon à rien», il est, en fait, «sensationnel en tout». La pensée positive ne doit pas nous faire perdre de vue tout sens de la réalité! Quand on dit à un enfant qu'il est bon, qu'il fait des progrès, il faut que ce soit vrai!

On ne leurre pas indûment un enfant à ce chapitre sans risquer d'y laisser sa crédibilité et de *le* laisser dans un état de sérieuse méfiance vis-à-vis de l'adulte.

Il arrive qu'il faille «prouver» à un enfant qu'il s'est amélioré tellement il a perdu confiance en lui-même et en ses capacités. C'est pourquoi il faut parfois garder nos «preuves»: ses travaux, ses lectures enregistrées sur cassettes qu'on pourra, à l'occasion, sortir du fond du tiroir pour les comparer aux travaux plus récents. Dans le même sens, je recommande souvent de faire un graphique présentant les résultats et les progrès de l'enfant. Le graphique a l'avantage d'être «visuel»: il parle de lui-même. Et il convainc!

Des moyens

À l'école, un bon plan d'intervention devrait prévoir les modifications nécessaires dans l'environnement même de l'enfant autant que les mesures de rééducation de type académique. À la maison, quand on veut aider un enfant en difficulté de lecture, il faut, d'une part, *organiser le milieu* et, d'autre part, *organiser les activités de lecture* qui répondront le mieux aux besoins de l'enfant, l'intéresseront et lui offriront du succès le plus vite possible.

Organiser le milieu

Sans entrer ici dans les détails et les particularités propres à chaque plan d'intervention, celui-ci étant, il faut le souhaiter, une réponse spécifique aux besoins de chacun, il conviendrait toutefois de s'arrêter quelque peu aux conditions à privilégier pour organiser une maison qui facilite l'apprentissage de l'enfant. Un bon nombre de parents, pleins de bonne volonté, consacrent déjà beaucoup de temps et d'énergie à aider leur enfant à lire. Ce qu'ils récoltent? Trop souvent: frustration, insatisfaction, résultats négligeables. Sans parler du prix qui se paie, sans qu'on s'en rende compte, dans la relation parent-enfant! Quand, en effet, les devoirs «faits sur la table de cuisine» prennent, chaque soir, l'allure d'un combat épique, il ne faut pas s'attendre, une fois les livres d'école refermés, que l'atmosphère de la maison se détende par magie. Je vous propose donc de chercher ensemble comment ce temps et cette énergie pourraient être mieux mis à profit.

Aux parents qui font face aux problèmes des devoirs à la maison, je suggère souvent de passer la situation au peigne fin, soir après soir, pendant une bonne quinzaine de jours et de *noter* leurs observations. Pourquoi noter? Pour éviter les évaluations trop sommaires de la situation, les jugements à l'emporte-pièce qui viennent de réactions impulsives ou émotives. Si on veut changer la situation ou tout simplement en reprendre le contrôle, il faut partir de faits précis, concrets, justes et *vérifiés*. On notera, donc, pendant la quinzaine en question, tout ce qui contribue ou nuit à la poursuite de ces buts: *créer une atmosphère propice, établir une routine et adopter des objectifs réalistes.*

Créer une atmosphère propice

Dans cette ère de «surstimulation» visuelle et

sonore, on a un peu oublié qu'un minimum de calme est requis pour qu'un enfant fasse son travail scolaire, surtout si c'est difficile pour lui. Le bruit ou les activités autour de lui sont de nature à le distraire ou à entraver sa concentration. Tous les enfants n'ont pas le bonheur d'avoir un beau petit coin tranquille, bien à eux, dans leur chambre, avec mobilier, éclairage et bibliothèque adéquats. Mais tous devraient avoir au moins un endroit relativement paisible et confortable (mais pas trop, diront les malins!) où s'installer, soir après soir, sans être dérangés. Justement: sans être dérangés. Cela va peut-être exiger certaines «négociations» avec le reste de la famille! Quand la maison est pleine d'amis ou de visiteurs, que tous s'en donnent à coeur joie devant la télévision, la vidéo ou que le système de son envahit la place, allez donc demander à cet enfant en difficulté de «faire sa lecture» ou ses travaux scolaires en général, qui lui répugnent déjà d'avance! La lecture devient alors une corvée, une punition, et le plaisir de lire en prend pour son rhume, non? Il vaut parfois la peine de discuter en famille des difficultés scolaires de l'un ou de l'autre des enfants, en prenant soin de ne jamais permettre qu'on ridiculise ou raille l'enfant concerné. À la maison, comme à l'école d'ailleurs, les parents ne devraient jamais tolérer que des difficultés scolaires mal comprises et ... mal expliquées ou pas expliquées du tout fassent de leur enfant la cible de la moindre moquerie.

Si on peut, en famille, expliquer et discuter la situation, on peut plus aisément obtenir la coopération de tous à l'heure des devoirs. C'est une excellente occasion de faire voir aux uns et aux autres que nous vivons tous avec certaines «incompétences» et que si, pour l'un, c'est en lecture, pour l'autre, c'est peut-être dans le domaine des arts, au travail, que sais-je? N'oublions pas que, pour plusieurs d'entre nous, adultes, il est possible de contourner, de camoufler, de carrément cacher ces incompéter es aux autre, alors que les difficultés scolaires sont i nexorablement jetées à la face de tous par le biais du fameux bulletin ou des notes en classe. Une excellente occasion de réfléchir ensemble sur le respect des uns et des autres, sur la tolérance, sur l'acceptation authentique, etc.

Établir une routine

Pourquoi une «routine» alors que, partout, on prêche la spontanéité, l'innovation, la créativité, la libération des énergies, des émotions, etc.? Parce que, quand on n'aime pas la lecture, quand on a toujours envie de remettre à plus tard ce moment difficile où il *faut* lire, ne jamais savoir «quand ça va arriver» contribue au maintien d'attitudes néfastes. Nous avons mentionné plus tôt l'importance d'un lieu de travail stable. C'est un premier élément de base dans l'établissement d'une routine: le travail scolaire devrait donc se faire à un endroit déterminé dans la maison et, dans la mesure du possible, à ce même endroit chaque jour. Routine aussi pour ce qui est du moment où le travail doit se faire. Quand l'enfant sait à quel moment il devra faire sa lecture et combien de temps cela va durer, il parvient habituellement à «s'habiller le coeur», comme disait Saint-Exupéry dans *Le Petit Prince*, parlant de tout autre chose que de lecture!

> «Il eût mieux valu revenir à la même heure, dit le renard... Mais si tu viens n'importe quand, je ne saurai jamais à quelle heure m'habiller le coeur... Il faut des rites.»

Comme un grand nombre d'enfants en difficulté deviennent aisément dépendants de l'adulte pour faire leur travail et que, d'autre part, ils ont souvent du mal à organiser ce travail, je suggère aussi d'introduire, au début d'une séance de travail, une routine de planification. S'arrêter pour organiser, planifier son temps. De grands mots pour des p'tits bouts d'choux, n'est-ce pas? Peut-être, mais il reste qu'on éviterait beaucoup de problèmes aux étudiants du secondaire (du moins à certains d'entre eux) si on les initiait plus tôt, et petit à petit, «à la gestion du temps»!

«Gérer son temps», pour un enfant, qu'est-ce que cela peut signifier? Peut-être apprendre à évaluer le temps requis pour chaque tâche? Les enfants, c'est bien connu, n'ont pas la «notion» du temps. C'est trop abstrait pour eux. Si on leur faisait découvrir, dans des situations bien signifiantes pour eux, ce que représentent 5 minutes, 10 minutes, etc. (quitte, pour y arriver, à utiliser la minuterie de la cuisinière!), ils arriveraient probablement à prendre conscience peu à peu du temps qui s'écoule. Dans la situation qui nous occupe, par exemple, cela pourrait vous amener à vous asseoir avec votre enfant, au début de la session de devoirs, pour:

- examiner le travail à faire;
- vérifier si tout le matériel nécessaire est bien à portée de la main (et se le procurer si ce n'est pas le cas);
- tenter d'évaluer le temps qui sera nécessaire pour faire le travail en question, en prenant soin de laisser l'enfant déterminer combien de temps il devrait normalement prendre pour faire tel exercice, tel autre exercice, etc.;
- puis déclencher une minuterie quelconque et... attendre la sonnerie!

Patiemment, bien patiemment. Dans une première expérience, il est fort possible que l'enfant juge mal la situation. Quoi de plus normal! Il suffit alors de l'aider à «ajuster son tir» pour la prochaine fois. Peu à peu, il apprendra.

L'enfant en difficulté développe aisément, parfois

211

à notre insu, une dépendance malsaine vis-à-vis de l'adulte en ce qui concerne les devoirs. Est-ce bien vrai qu'il est incapable de faire quoi que ce soit tout seul? Quand on se retrouve presque esclave des devoirs scolaires d'un enfant de troisième ou de quatrième année, parfois c'est qu'on a pavé la voie pour cette situation. Pour prévenir cette situation, il faut cesser dès que possible de tenir la main à un enfant qui peut marcher tout seul... Cela signifie que l'enfant *doit,* dès que possible, faire seul ce qu'il peut faire seul. Des gains importants sont en jeu.

La gestion des devoirs pourrait aider à développer cette précieuse autonomie qui semble faire défaut. On pourrait ainsi discuter avec l'enfant, au moment de la routine-planification, de «ce que tu es capable de faire sans moi et ce que tu ne peux pas faire sans moi». Et le laisser travailler seul *sans intervenir,* le laisser assumer *totalement* la responsabilité de cette partie du travail. Cela n'est pas toujours facile pour le parent qui a pris l'habitude de «surveiller de près»! De trop près peut-être? C'est bien plaisant parfois d'avoir maman à soi tout seul pendant les devoirs parce que, dans la journée, on ne l'a pas eue assez à son goût! Et cela pourrait aussi être bien «déculpabilisant» de donner tant de temps à cet enfant qu'on délaisse pour aller travailler «à l'extérieur»! Matière à réflexion...

C'est à l'école, le lendemain, que le travail sera jugé. Si les résultats sont positifs, on continue de la même façon. Sinon, on réévalue la situation de façon plus réaliste. Ce qui ne signifie pas que l'on en reprenne le contrôle complet mais que l'on *ajuste,* soit en discutant avec l'enfant, soit en sollicitant l'aide du professeur.

Un autre aspect de cette discussion autour des devoirs, c'est le partage des tâches difficiles et faciles, compte tenu du temps disponible et de l'état de fatigue. L'enfant qui n'aime pas telle tâche ou qui a plus de difficulté avec telle tâche aura tendance à repousser le

212

plus loin possible le moment de l'affronter. Il n'y a rien d'anormal à cela. N'y a-t-il pas parmi nous beaucoup d'adultes qui en font autant? L'enfant a donc besoin qu'on lui montre l'avantage d'aborder le difficile quand il est moins fatigué pour finir sur une note plaisante, avec ce qui lui est plus facile. De diviser, s'il le faut, le difficile en «petits morceaux».

Adopter des objectifs réalistes

«Qui trop embrasse mal étreint», dit le proverbe. Et cela s'applique malheureusement, chaque soir, à bien des coins de table dans la cuisine où se fait la lecture! S'il est difficile de lire, il est d'autant plus important de doser temps et énergie. Une fois qu'on a établi le partage difficile / facile, plaisant / déplaisant discuté plus tôt, il faut considérer le temps disponible pour faire le travail. Et ne pas perdre de vue deux principes: 1. il n'y a pas que le travail scolaire qui compte dans la vie de l'enfant; 2. il n'y a pas que cet enfant (du moins dans un certain nombre de familles) qui requiert votre temps et votre énergie de parent!

Les limites de temps et d'énergie, comment les pose-t-on? Épineuse question qui va vraisemblablement entraîner celle de la quantité de travail scolaire à faire à la maison. Dans ce domaine, quel pouvoir réel le parent a-t-il? Plus que vous ne le croyez peut-être. Bien sûr, on voit le spectre du traditionnel: «Je ne vais pas vous dire quoi faire dans votre cuisine, ne venez pas me dire quoi faire dans ma classe!» maintes fois servi aux parents dans le passé... Mais les temps changent, et là où ça ne change pas, il faut provoquer des changements.

Pendant les entrevues d'évaluation, j'entends souvent les parents me parler des «deux heures passées chaque soir à faire les devoirs» avec un enfant de deuxième ou de troisième année... Emportés par leur souci d'aider leur enfant, ces parents ne sont pas toujours conscients de l'effet dévastateur d'une telle situation. Surtout, ils ne savent pas trop comment y mettre un terme sans causer préjudice à l'enfant. Il est clair qu'il faut couper, coûte que coûte. Comment s'y prend-on?

Il y a quelques années, certaines commissions scolaires avaient émis, à l'intention des parents, une sorte de «guide du temps des devoirs». On y indiquait, selon le niveau scolaire et/ou l'âge des enfants, la portion de temps jugée raisonnable pour les devoirs le soir à la maison. Ce n'était, j'en conviens, qu'un «guide» soumis au bon jugement des uns et des autres. Certains s'en sont servis avec souplesse. D'autres y ont trouvé une occasion de plus d'attiser la mésentente école / famille. Certains enseignants s'en sont inspirés, d'autres ne s'en sont jamais souciés. Aujourd'hui, ce guide ou l'idée qu'il voulait véhiculer survit peut-être ici ou là, mais il n'a plus la popularité qu'il avait. C'est dommage, car il constituait pour les parents un repère utile.

Dans ses grandes lignes, voici, si ma mémoire est bonne, ce que ce guide suggérait. Dans des circonstances normales, un enfant de première année devrait pouvoir en 15-20 minutes terminer, chaque soir, son travail d'école; celui de troisième, en 25-30 minutes; celui de sixième, en 45-60 minutes. J'entends presque d'ici certains parents protester que leur enfant ne s'en sortira jamais à l'intérieur de ces limites alors que d'autres déplorent que le leur n'a à peu près jamais eu de devoirs! Qu'on se souvienne qu'il s'agit d'un *guide* et non de normes absolues! Plusieurs facteurs vont apporter des ajustements à ces lignes de base. Mais quels que soient ces facteurs, *jamais* on ne devra accepter qu'un enfant du primaire doive consacrer, et bien souvent ses parents aussi, *deux heures* chaque soir à ses devoirs, comme j'ai malheureusement trop souvent entendu des parents le raconter dans mon bureau. Une telle situation est carrément inacceptable!

Qu'un enseignant donne occasionnellement trop de travail, personne ne devrait en faire un drame. Mais si, soir après soir, les devoirs prennent deux ou trois heures, il y a un problème et il faut y regarder de plus près. L'enfant a fait sa journée à l'école et il n'est ni normal ni sain qu'il passe toute la soirée le nez dans ses livres scolaires. Que dit-on des adultes qui traînent leur travail de bureau à la maison, soir après soir, fin de semaine après fin de semaine? On s'inquiète de leur santé mentale et physique! Et on les accuse de manquer de disponibilité à leur famille! Alors pourquoi devrait-on s'attendre à ce qu'un enfant de huit ou neuf ans passe sa soirée à travailler? Pourquoi lui imposerait-on une telle situation? Parce qu'il n'a pas un mot à dire? C'est presque du sadisme!

Que peut faire le parent qui juge excessif le temps passé aux devoirs? Ce n'est pas lui qui prescrit ce travail trop long... Situation délicate qu'il faudra traiter avec tact. Je ne crois pas qu'il faille endosser sans réserve les pratiques excessives de certains enseignants: les enfants que l'on surcharge de travail à l'école ont *eux aussi* besoin de compréhension. Mais je ne prône pas non plus la critique ouverte de l'enseignant devant l'enfant. Pour le bien de l'enfant tout autant que pour celui de l'enseignant. L'un et l'autre ont besoin de respect pour vivre ensemble quotidiennement dans la même classe.

On devra probablement rencontrer l'enseignant et «se parler entre adultes»... avec doigté. Mais au préalable, il faut savoir s'il s'agit:

- de travail mal dosé par l'enseignant?
- de retards chez l'enfant qui prouvent que la tâche est trop exigeante pour lui?
- de problèmes de mauvaise organisation de l'enfant lui-même (matériel oublié à l'école, devoirs mal notés, interruptions constantes, etc.)?

- de manipulation de la part d'un enfant qui cherche à attirer l'attention?
- etc.

Ce ne sont là que quelques possibilités. À chaque problème, sa solution. Et pour que la solution règle le problème, il faut analyser le problème avec soin. D'où l'importance des «notes de la quinzaine» mentionnées précédemment. Observer, noter, analyser, déterminer si le problème relève de l'enfant (ex.: recherche d'attention), de la maison (ex.: excès de distractions), de l'école (ex.: travail mal dosé) ou d'une combinaison de facteurs. Si vous jugez que le problème vient de l'école, il faut aller en discuter avec l'enseignant dans un esprit de dialogue ouvert et non d'affrontement ou de confrontation. C'est là que vos «notes de la quinzaine» vous seront utiles. Vous avez des chances d'arriver à sensibiliser l'enseignant à la situation que vous vivez à la maison ou à l'alerter. Ensemble, vous pourrez alors adapter la situation et suivre le tout de près.

S'il n'y a pas d'entente possible avec l'enseignant, il faudra aller plus loin, chez le directeur, et suivre sensiblement la même démarche qu'au chapitre précédent, dans des proportions réduites. En prenant soin de garder l'équilibre, chemin faisant, entre la quantité d'énergie requise pour résoudre la situation et le but visé. On ne va pas déclencher la guerre pour une simple question de devoirs! Parfois il est carrément plus sage et plus simple, après réflexion, de poser vous-même les limites à la maison: on travaille tant de temps, le mieux possible, puis on s'arrête et, le lendemain, une note à l'enseignant l'informe des contraintes que vous avez rencontrées et de la position que vous avez prise.

Parfois c'est en parlant avec les copains de l'enfant qu'on ramasse ces données (les «notes de la quinzaine»). Combien de temps passent-ils, eux, aux devoirs? Avec quels résultats? Ont-ils besoin d'aide? Je me souviens de deux mamans voisines qui combinaient (et épargnaient?) leur patience en travaillant, à tour de rôle, avec les deux enfants à la fois. Chacune leur semaine. Du même coup, elles avaient réglé le problème du petit copain qui vient chercher son ami pendant que celui-ci fait ses devoirs. Elles échangeaient leurs «trucs».

Et si les copains s'en tirent dans un délai raisonnable, eux? Sans problèmes? Avant d'aller à l'école, il faut scruter la situation personnelle de l'enfant. À quel moment fait-il ses devoirs? Est-ce le meilleur moment pour lui? Dans quelles conditions travaille-t-il? Est-il trop fatigué? A-t-il pu se détendre avant de commencer son travail? Est-il conscient des limites de temps qu'il a, etc.?

Chaque question doit être posée avec un regard neuf, en s'appuyant sur des faits observés. Le facteur temps est important. Quand l'enfant fait-il ses devoirs? Certains préfèrent les faire en rentrant de l'école et être libres (débarrassés?) après. D'autres ont besoin d'un intermède de jeux entre l'école et les devoirs pour mieux travailler après le souper. Certains les finissent en un seul coup; d'autres, en deux ou trois séances. De façon générale, on admet que de meilleurs résultats sont obtenus en faisant alterner travail et repos, tâches difficiles et tâches faciles. Mais les enfants, eux, ne sont pas conscients de cela: il faut les aider à le devenir.

Organiser les activités de lecture

L'enfant en difficulté de lecture, précisément à cause de cette difficulté, a souvent pris la lecture en grippe et n'éprouve aucun plaisir à cet exercice, alors que c'est justement là l'ultime objectif que nous poursuivons: lui apprendre à découvrir le plaisir de lire. Le genre d'activités et de matériel que propose l'école ressemblent justement trop à l'école pour cet enfant. Il faut donc, en rééducation comme à la maison, s'ingénier à trouver des activités et du matériel différents de ce qu'il utilise en classe. Pour contourner les mauvais souvenirs rattachés à la lecture! Comment s'y prendre, à la maison, pour...

«Inventer» le plaisir de lire?

Comment, à la maison, développer un certain goût pour la lecture? Comment amener l'enfant en difficulté de lecture à lire simplement pour le plaisir de la chose? Dans certains cas, c'est presque demander un miracle, me direz-vous? Tout est dans la façon de s'y prendre.

Je fais une nette distinction entre lecture-plaisir et lecture-école. J'entends par lecture-plaisir celle que l'enfant fait juste pour le plaisir, et non pas celle que l'on exige à l'école. La «lecture de la semaine» prescrite n'est pas toujours vraiment source de plaisir pour un enfant en difficulté. Avouons-le! Ce qui ravit les «concepteurs de matériel» du ministère de l'Éducation ne correspond pas toujours ni aux intérêts ni au niveau de compétence de l'enfant qui doit surmonter un handicap de lecture. Il n'y a pas grand plaisir à tirer d'une lecture sur laquelle il faut «bûcher». Les enfants qui ont de grandes difficultés à lire s'en tiennent la plupart du temps «au strict minimum» alors qu'ils ont justement besoin, pour les roder, d'une très importante stimulation de leurs habiletés en voie d'acquisition.

Il est bien désolant pour des parents qui ont toujours le nez dans un livre de voir leur enfant se tenir le plus loin possible de toute lecture «libre», c'est-à-dire librement choisie, librement consentie. Rappelons-nous, aussi souvent qu'il le faut, qu'il est tout à fait normal, et même sain, de ne pas aimer ce qui nous cause frustrations, humiliations et colère.

Pour atteindre cet objectif ultime du plaisir de lire, il faut user de beaucoup de patience, de subtilité, d'ingéniosité et très peu, même pas du tout, de coercition. «Veux, veux pas, tu vas lire tant de minutes par jour.» Cette attitude ne produit habituellement qu'une aversion irréversible pour le livre. Il faudra donc y aller avec plus de diplomatie.

Le meilleur moyen que je connaisse pour amener un enfant à lire demeure la lecture qu'on lui fait. Pour ceux d'entre nous qui ont été élevés à l'époque «prétélévision», cela évoque souvent de très agréables souvenirs. La télévision qui nous accapare tellement, a entraîné, dans bien des familles, la disparition de cette coutume de lire avant le dodo. Triste! Il faut revenir à cette belle habitude. Je connais un grand nombre d'enfants, qui éprouvent pourtant de très grandes difficultés à lire, qui adorent l'heure du conte qu'on leur lit, même s'ils n'aiment pas celle où on leur demande de lire. Cette belle habitude à prendre, ou à maintenir si vous êtes de ceux qui l'avez déjà adoptée, permet non seulement de stimuler l'intérêt de l'enfant pour l'écrit, mais lui donne accès à des textes qu'il aurait trop de mal à lire tout seul. Cela lui offre aussi un modèle de lecteur (vous-même), qui l'encourage à poursuivre son effort pour mieux lire lui-même. L'enfant, inconsciemment, se dit: «C'est comme ça que, moi aussi, un jour, je vais lire, et alors je n'aurai plus besoin des autres pour lire ce qui me tente.»

Un autre moyen intéressant d'ouvrir le monde du livre à l'enfant, c'est d'enregistrer pour lui des histoires ou des textes qu'il aime sur cassettes. Il peut alors «lire en écoutant». Il est vrai que l'on trouve déjà sur le marché de ces livres-cassettes ou livres-disques. Mais, pour un enfant en difficulté, ces cassettes présentent certains inconvénients susceptibles de le rebuter plutôt que de l'aider. Le texte qui accompagne la cassette (ou le disque) est souvent présenté en caractères d'imprimerie trop fins pour l'enfant. Le débit du lecteur professionnel est généralement trop rapide pour que l'enfant puisse suivre le texte écrit, et on ne veut pas faire de cet exercice uniquement un exercice d'écoute, mais bien un exercice de lecture. Finalement, ces cassettes vendues dans le commerce ne correspondent pas nécessairement aux intérêts mêmes de l'enfant. Dernier avantage de la «cassette-maison» à ne pas dédaigner (surtout pas!): le plaisir d'entendre la voix de quelqu'un qu'il aime, qui a un visage dans sa tête! C'est un peu, à bien y penser, une façon de prolonger votre présence auprès de l'enfant. À une époque où la disponibilité du parent est soumise à toutes sortes de contraintes, voilà peut-être une bonne façon de compenser l'absence physique.

Plusieurs enfants avec qui j'ai travaillé en rééducation de lecture ont trouvé beaucoup de plaisir à une activité que j'ai baptisée «la lecture en alternance». Il s'agit, à partir d'un livre d'histoire que l'enfant choisit mais qu'il trouve un peu trop difficile à lire seul, d'encercler les mots plus faciles, qu'il saurait lire normalement. Par la suite, on lit *ensemble*, «en alternance», chacun son tour: vous lisez ce qui est trop difficile et, à chaque mot encerclé, choisi au préalable, c'est l'enfant qui lit. Cet exercice a l'avantage de permettre une lecture plus courante, plus «coulante», où on conserve le rythme essentiel qui rend la lecture intéressante. La règle veut qu'on ne laisse pas l'enfant buter sur un mot pour, justement, ne pas briser ce rythme. On réduit ainsi de beaucoup le stress inévitable qui est lié à la lecture pour un enfant en difficulté. Les enfants sont ravis, quand on recourt à cette activité régulièrement, de voir qu'au fur et à mesure des progrès de la rééducation, on encercle de plus en plus de mots. Je trouve parfois intéressant, pour montrer à un enfant tous les progrès qu'il a faits, de reprendre un livre déjà lu en alternance et d'ajouter, sous ses yeux, «de nouveaux mots que tu peux *maintenant* lire». Je me souviens de cet adorable Fleurant qui s'est un jour exclamé: «Aïe! Bientôt je vais pouvoir lire *tous* les mots de mes histoires!»

Il y a aussi «la lecture en écho» où on fait la lecture à l'enfant, en suivant du doigt dans le livre, phrase par phrase ou ligne par ligne (dans le cas de comptines ou de poèmes), et où l'enfant relit après nous en suivant lui aussi avec son doigt et en tentant de respecter le rythme et l'intonation que nous avions donnés au texte. Encore une fois, on met l'enfant en contact avec l'écrit en réduisant de beaucoup le stress que lui cause la lecture. Cet exercice peut facilement devenir monotone: il importe donc de s'en tenir à des textes très courts, qui peuvent être lus en quelques minutes. Peu à la fois, mais souvent.

À un enfant, qui aimait beaucoup dessiner, mais qui ne voulait rien savoir de la lecture, j'ai déjà proposé de «composer l'histoire qu'il illustrait». Le contraire d'illustrer l'histoire lue, comme il est normalement d'usage de demander aux enfants. Il dessinait, on parlait de son dessin, on inventait une histoire à partir du dessin et je la prenais en note pour lui. Par la suite, on transcrivait «au propre» l'histoire sous le dessin et on lisait «en alternance», comme nous l'avons décrit plus haut. Dessins et histoires ont été conservés dans un cahier de notes qui est devenu «notre livre de lecture bien à nous». Périodiquement, nous relisions nos «vieilles» histoires, pour constater qu'il était maintenant possible d'encercler plus de «mots que tu peux lire seul»... La mère de Charles me dit qu'après quatre années, il conserve toujours ce qu'il appelle «mon premier vrai livre de lecture» dans le fond de son tiroir et qu'il relit de temps à autre.

Ceux qui n'ont pas de talent particulier ou d'inclination particulière pour le dessin pourraient toujours découper de jolies illustrations dans une revue et «inventer» l'histoire qu'elles leur suggèrent.

Rares sont les enseignants qui vont alléger pour

l'enfant en difficulté la somme de travaux quotidiens prévue pour le groupe-classe. C'est malheureux, très malheureux. On s'attendrait à plus de compréhension de la part des «pros» de l'éducation. Mais il ne servirait à rien d'élaborer ici sur la question. Toutes les activités suggérées plus haut risquent de s'ajouter aux devoirs déjà trop lourds. Il reviendra encore une fois au parent de trouver la solution. Ou bien on rendra ces activités tellement agréables qu'elles ne ressembleront plus à la «lecture-école». Ou bien on «négociera» une entente avec l'école selon les suggestions déjà proposées plus tôt dans ce chapitre. On a bien dit et redit, dans les milieux d'orthopédagogie, que derrière chaque enfant en difficulté qui s'en sort, on trouve habituellement un parent qui n'a jamais démissionné devant les problèmes.

Chaque fois que je propose de telles activités de lecture dans un groupe d'animation ou d'information, il se trouve toujours quelqu'un pour ajouter de nouvelles suggestions et enrichir ma «banque de bonnes idées». Du choc des idées jaillit la lumière! Vous avez sûrement, vous-même qui lisez ces lignes, quelques idées innovatrices. Essayez-les. Partagez-les avec d'autres parents qui sont dans votre situation. Retenez que l'important, c'est de partir des intérêts mêmes de *votre enfant*, de ses talents particuliers, de son niveau réel de compétence en lecture et de lui offrir une situation de lecture qui retienne son attention, ne serait-ce que quelques minutes par jour, et qui lui donne du *plaisir*. Du même coup, vous aurez peut-être réglé un immense problème, celui de ...

Maintenir la motivation

Le défi des défis! Je ne me souviens pas d'avoir animé une seule rencontre de parents, d'enseignants ou d'orthopédagogues sans que ne me soit posée la fameuse question: comment motiver un enfant qui ne veut pas

222

lire? Presque une «question-cliché» dont il ne faut pas négliger l'importance, pourtant. Les meilleures idées, les meilleures intentions du monde de la part des éducateurs concernés ne donneront strictement rien si on ne parvient pas à motiver l'enfant.

L'enfant normalement constitué et en bonne santé vient au monde motivé. Dès son entrée parmi nous, le jeune bébé se tend vers le monde qui l'entoure et met toute son énergie à le mieux saisir, à le mieux découvrir. Ce désir d'apprendre, de repousser ses limites ne trouve jamais de repos. Les mamans de tout jeunes enfants en savent quelque chose. Il n'y a que dans le sommeil qu'ils cessent leur petite «conquête du monde», n'est-ce pas? Mais qu'est-ce qui, chez certains enfants que nous voyons à l'école, a brisé cet élan?

On se reportera, s'il le faut, au chapitre 2 où on a vu certains liens entre le développement affectif de l'enfant et sa motivation à apprendre. Il reste que parfois c'est à l'école qu'on observe pour la première fois qu'un enfant «perd sa motivation». Que se passe-t-il? Beaucoup d'aspects que suggère cette question sont à considérer. Parmi eux, ce que j'appelle «la mise en place du cycle de l'échec». L'enfant qui entre en maternelle posait jusque-là les questions et on lui répondait. Ou, mieux, on l'aidait à découvrir ses réponses. On lui en donnait les moyens. Maintenant on lui pose les questions, et celui ou celle qui pose les questions connaît les réponses et, souvent, n'accepte *qu'une* réponse. Avant, l'enfant interrogeait pour apprendre. Maintenant on l'interroge pour savoir s'il a appris, pour évaluer et, s'il ne donne pas la réponse attendue, c'est l'échec. Pour peu que l'occasion se répète souvent, on amorce un cycle d'échecs qui risque d'altérer l'image que l'enfant a de lui-même. Il s'ensuit une perte de confiance en soi et les comportements déjà décrits au chapitre 2.

Je sais fort bien que je trace à larges traits une situation qui demanderait plus de nuances, mais il demeure que c'est parfois ainsi que se joue, à l'école, le jeu des questions-réponses. C'est aussi souvent ainsi que la question devient pour certains enfants source d'anxiété. L'être humain se donne un mécanisme fort judicieux pour se défendre de l'anxiété qui perdure: il fuit. C'est ce mécanisme qui agit quand on refuse de regarder une scène d'horreur au cinéma ou qui explique pourquoi on est parfois «dans la lune», pourquoi on ne prête pas attention, pourquoi on ne veut plus rien savoir de l'école. «Plus rien ne l'intéresse», dit-on souvent d'un enfant en difficulté scolaire.

Pour remotiver cet enfant, il nous faut être capables de remettre en question notre cheminement par rapport à lui. Non seulement en ce qui concerne notre «agir» avec lui (programme, matériel, activités, etc.), mais également dans notre mode de relation avec lui. Où en suis-je avec cet enfant? Qu'est-ce que j'ai fait jusqu'ici? Comment se sent-il dans ses rapports avec moi? Quel message lui ai-je transmis à travers la situation que nous avons vécue ensemble? etc.

Ce type de réflexion devrait nous amener à voir dans quelle mesure nous répondons aux besoins essentiels de l'enfant qui constituent, en définitive, le fondement même de la motivation des êtres humains; parmi eux: l'estime de soi, le besoin de succès, l'épanouissement personnel, la curiosité, le sentiment de sécurité et le besoin d'appartenance au groupe.

L'estime de soi

L'enfant qui grandit découvre, à travers ses diverses expériences, qui il est, qui sont les autres. Il prend conscience de lui-même. Ainsi, très tôt après sa naissance, il passe de longues heures à examiner ses mains, à les voir bouger dans l'espace, à prendre plaisir au mouvement qu'elles lui permettent. Il poursuit et élargit cette découverte de lui-même en apprivoisant d'abord son corps, puis en communiquant avec son environnement immédiat. Dès ses premières interactions avec «les autres», il apprend, dans la réaction plus ou moins positive de son milieu à ses propres comportements, le plaisir et le déplaisir, la satisfaction et l'insatisfaction. Il commence ainsi à se percevoir «bon» ou «pas bon» et, tout au long de sa croissance, recourra, pour se juger lui-même, au jugement que le milieu posera à l'égard de sa performance, de son comportement, de sa façon d'être ou d'agir. Et s'il perçoit qu'«il n'y a pas moyen de les satisfaire», il perdra l'élan dont il a besoin pour performer.

Le premier pas vers la «remotivation» d'un enfant en difficulté sera donc de lui rendre cette précieuse estime de soi, si, dans ses échecs antérieurs, il l'a perdue. Pour ce, il faudra veiller à ce que la performance, en quelque domaine que ce soit, ne prenne jamais le pas sur l'être lui-même. C'est le travail qu'on évalue, pas l'enfant. Peut-être faudra-t-il apprendre à revaloriser l'enfant, à regarder tel succès, à laisser les échecs en veilleuse pour quelque temps et à reformuler nos «jugements». Remplacer: «T'aurais pu faire mieux!» par: «Je pense que tu as fait un bel effort. C'est triste que ça n'ait pas marché, hein? Veux-tu qu'on regarde ensemble pourquoi ça n'a pas marché?» On peut ainsi remettre les choses en perspective et maintenir l'enfant mobilisé dans l'effort qui lui permettrait quelque succès.

Le besoin de succès

C'est d'une telle importance chez l'être humain que la plupart d'entre nous, devant la perspective de l'échec certain de tel projet, ne tenteront aucun effort pour l'entreprendre. Pourquoi en serait-il autrement pour un enfant qui sait que, quels que soient ses efforts, il ne réussira pas? Pour le motiver, il faut, cela est essentiel, remettre le succès à sa portée. Il est, en pédagogie, un principe de base qu'on perd parfois de vue: partir du niveau où se trouve l'enfant. «Only what we partly know already inspires us with a desire to know more,» écrivait Wm. James dans *Principes in Psychology*, en 1890!

C'est encore vrai aujourd'hui. Cela signifie: éliminer ce que l'enfant ne *peut* assimiler aujourd'hui au stade où il se trouve. Maîtriser un apprentissage de façon satisfaisante avant de passer à l'étape suivante. Savoir découvrir l'aire d'aisance de l'enfant où il reprendra confiance en lui. Donc, doser le travail, autant quant à la quantité que quant au degré de difficulté, de façon que l'enfant ait au moins une chance de réussir. Cela relance tout le débat sur l'individualisation de l'enseignement. Bien d'autres avant moi ont écrit sur le sujet et de belle façon. Aussi je m'en tiendrai à une question bien élémentaire: pourquoi faut-il que, dans une classe, tous les enfants aient les mêmes devoirs, le même travail, quel que soit leur niveau de fonctionnement ou leur capacité de travail? Si on veut sincèrement motiver l'enfant en difficulté à poursuivre son effort, on va trouver le moyen d'adapter les exigences, à la maison *et* à l'école, à son niveau *réel* de fonctionnement.

L'épanouissement personnel

C'est l'ouverture de soi au monde environnant, c'est l'actualisation de son potentiel, la libération de ses talents dans l'action. Dans le *Petit* Robert, on dit que «s'épanouir, c'est devenir joyeux, radieux, se développer librement dans toutes ses possibilités». Et on donne comme synonymes: déployer, étaler, étendre, etc. Que peut-on trouver de plus fondamental en éducation? Pourtant l'enfant qui ne réussit pas à l'école se trouve sérieusement handicapé dans la réalisation de son plein potentiel si l'on n'y prend garde. Il a besoin, comme chacun de nous, de «se sentir en marche». On dit souvent aux parents d'enfants en difficulté qu'il importe de développer ses «autres» talents, de lui faire connaître du succès dans d'«autres» domaines que le domaine scolaire. Cela est bien beau théoriquement, mais, pour certains enfants, l'échec scolaire a déteint sur les autres domaines et ces théories ne peuvent être appliquées. C'est parfois par le biais du succès scolaire retrouvé (ou enfin découvert!) qu'on parvient à redonner suffisamment confiance à un enfant pour qu'il se hasarde dans d'autres domaines. Ce succès scolaire que nous voyons clairement n'est pas toujours évident pour l'enfant. Il faut en quelque sorte lui *prouver* qu'il progresse. C'est pourquoi je note souvent les progrès d'un enfant sur un graphique pour qu'il puisse «visualiser» le chemin parcouru et prendre conscience de ses nouvelles compétences.

La curiosité

Elle fait partie de la nature même de l'être humain. Il est naturel de vouloir découvrir des mondes nouveaux. Rappelons-nous le nouveau-né. Malheureusement, dans l'échec, cette soif de connaître s'éteint souvent. À plus forte raison faut-il multiplier les expériences de vie pour ranimer le feu sous la cendre en demeurant toujours attentif au moindre signe d'intérêt. En se mettant à l'écoute des réactions de l'enfant, en lui donnant l'occasion de parler de ses découvertes de façon à le revaloriser et à le stimuler pour qu'il aille plus loin. Raconter à «mon oncle Untel» ses dernières trouvailles, ses derniers succès, ses derniers exploits permettra de cicatriser les blessures que l'ego a accumulées avec les bulletins médiocres.

Le sentiment de sécurité

C'est ce qui fait qu'à la maison, sinon à l'école, un enfant se sait accepté tel qu'il est, respecté et aimé comme personne humaine, peu importe ses succès scolaires. L'enfant avec qui on prend le temps d'avoir du plaisir se sent rassuré: on l'aime assez pour rire avec lui, pour partager de bons moments avec lui, etc. Chanter ensemble, apprendre ensemble à jouer d'un instrument de musique, visiter des endroits intéressants et partager les bons souvenirs, faire de la photo ensemble, les exemples sont illimités. Ces enfants en difficulté n'ont pas toujours l'assurance nécessaire pour aller seuls à l'arena, au centre de loisirs, à un cours de ceci ou de cela. On ne peut pas toujours se contenter de payer le cours ou l'activité et de jouer au chauffeur de taxi. Parfois il faut participer pleinement; leur offrir la présence rassurante de quelqu'un qui les aime à leur côté. Les soutenir, avec chaleur et compréhension, dans ces activités diverses qui sont aussi des apprentissages pour eux, et parfois pour nous aussi, non?

Le besoin d'appartenance au groupe

Et pas seulement à celui des «pas-bons». Cela fait partie des «subtilités» d'une relation valorisante avec l'enfant. L'échec produit souvent des échos retentissants dans cette mini-société qu'est la classe. L'enfant en difficulté a besoin, lui aussi, de se sentir accepté dans son groupe-classe. C'est à l'enseignant que revient la responsabilité de s'assurer que l'enfant trouve sa place dans le groupe, qu'il se sente membre à part entière, qu'il se sente «comme les autres», malgré ses difficultés. Si, dans une classe, on traite chacun comme un individu avec ses particularités propres, celui qui a des difficultés trouvera sa niche. Si ce n'est pas ainsi que ça se passe, c'est aux parents qu'il appartient de se faire les avocats de leur enfant. Les railleries, les quolibets, le rejet ne peuvent se manifester parmi les enfants d'une classe qu'avec la complicité, ouverte ou tacite, de l'enseignant. Si, comme parent, vous sentez quelques failles à ce sujet, il faut en parler ouvertement avec l'enseignant et/ou avec la direction de l'école.

Conclusion

Ce livre n'est pas fini. Il ne sera jamais fini. On ne pourra jamais *tout* dire sur un sujet aussi vaste. Il y aura toujours les divers points de vue à considérer: celui de l'enseignant, celui du parent, celui de l'orthopédagogue, celui des concepteurs de programmes, celui des auteurs de manuels scolaires, celui des chercheurs en éducation, celui, oui, de l'enfant qui apprend à lire. Chacun apportera à l'analyse de la question sa propre expérience, ses propres exigences, son propre vécu affectif, etc., et chacun tirera de l'analyse des autres ce qu'il est prêt à en retirer compte tenu de ce qu'il apporte dans la discussion.

En fait, c'est bien une ***discussion*** que j'ai voulu mener avec vous tout au long de ces pages, en vous présentant la perception que j'ai du problème de l'apprentissage de la lecture à ce stade-ci de mon propre cheminement professionnel. De part et d'autre, nous continuerons à nous poser des questions. Nous continuerons aussi à apprendre et à mettre constamment à jour la «carte» que nous avons du «terrain».

Quand nous partons en voyage en terre inconnue, nous avons habituellement une carte pour nous donner une idée du terrain que nous allons explorer. Or, cette carte ne représente jamais le terrain! Elle ne nous parle pas des arbres le long de la route, des gens que nous rencontrons, des fleurs que nous sentons, de la couleur du paysage, de l'architecture des maisons, etc. La carte néglige d'indiquer de nombreux détails que nos yeux, nos oreilles, notre nez et notre peau vont enregistrer. Nous nous constituons, chemin faisant, notre propre carte des lieux, laquelle sera nécessairement très différente de celle de nos compagnons de voyage. Même de celle que nous nous ferions en une occasion ultérieure. Et quand nous revenons à la maison et parlons de notre voyage à nos amis, la carte qu'ils se font des lieux que nous décrivons est tout autre que celle que nous avons nous-mêmes en tête. Toutes ces cartes se greffent les unes aux autres et contribuent à la longue à nous donner une meilleure idée du terrain.

Je vous ai parlé de la «carte» que je me suis faite au cours de mes nombreux «voyages», de l'expérience que j'ai acquise à travailler avec tant d'enfants. Je pense à Marc-André, à Louis-Gilles, à Jean-Bernard, à Frédéric. Chacun apprenait à lire à «sa» façon et me forçait et me force constamment à mettre ma propre carte à jour. Bien sûr que, d'une carte à l'autre, d'un Félix à une Marie-Christine, d'un Frankie à un Patrick, je retrouve toujours certains éléments, mais toujours j'en découvre de nouveaux. J'espère qu'en lisant ma «carte» vous aurez découvert de nouveaux éléments à intégrer à la vôtre, que je vous encourage à constamment mettre à jour!

Bibliographie

BERGERON, Yves, «Le Développement psycho-moteur de l'enfant» (de 0 à 3 mois), *Santé*, nº 12, octobre 1985, pp. 60-66.

BERGERON, Yves, «Le Développement psycho-moteur de l'enfant» (de 3 à 6 mois), *Santé*, nº 14, décembre-janvier 1986, pp. 52-57.

BERGERON, Yves, «Le Développement psycho-moteur de l'enfant» (de 6 à 9 mois), *Santé*, nº 16, mars 1986, pp. 50-55.

BERGERON, Yves, «Le Développement psycho-moteur de l'enfant» (de 9 à 12 mois), *Santé*, nº 18, mai 1986, pp. 44-50.

BERGERON, Yves, «Le Développement psycho-moteur de l'enfant» (de 12 à 18 mois), *Santé*, nº 22, octobre 1986, pp. 33-37.

BERGERON Yves, «Le Développement psycho-moteur de l'enfant» (de 1 1/2 an à 2 ans), *Santé*, nº 25, février 1987, pp. 47-50.

BERNIER, Denis, «La dyslexie peut être à l'origine des échecs scolaires de votre enfant», *Santé,* n⁰ 14, décembre 1985, pp. 32-37.

BETTELHEIM, Bruno, «The Importance of Play», *The Atlantic Monthly,* mars 1987, pp. 35-47.

BETTELHEIM, Bruno, et Karen ZELAN, *La lecture et l'enfant,* Robert Laffont, Paris, 1983, 254 p.

BOREL-MAISONNY, Suzanne, *Langage oral et écrit,* t.1, Delachaux-Niestlé, Neuchâtel, Suisse, 1973, 268 p.

BOURCIER, Arlette, *Traitement de la dyslexie,* Éditions ESF, Paris, 1973, 190 p.

CLARKE, Louise, *Can't Read, Can't Write, Can't Talk Too Good Either,* Penguin Books, New York, 1973, 280 p.

DAIGLE, Louise, «Les Troubles de la vision chez l'enfant», *Santé,* n⁰ 21, septembre 1986, pp. 29-31.

DE MAISTRE, Marie, *Dyslexie — Dysorthographie,* Éditions universitaires, Paris, 1970, 404 p.

DOYON-RICHARD, Louise, *Préparez votre enfant à l'école,* Éditions de l'Homme, Montréal, 1977, 157 p.

DUBÉ, Robert, DUCLOS, Germain, et Denise THÉRIAULT, «L'Approche clinique dans l'évaluation des problèmes scolaires», non publié, 1985.

FABUN, Don, *Communications. The Transfer of Meaning,* Glencoe Press, Beverley Hills, Cal., 1968, 48 p.

GALABURDA, Albert M., «La Dyslexie et le développement du cerveau», *La Recherche,* n⁰ 167, juin 1985, pp. 762-769.

GOLICK, Margie, *Troubles d'apprentissage — Guide pour les parents,* publié à Montréal par l'Association québécoise pour les troubles d'apprentissage, 1984, 36 p.

KAGAN, Jerome, *The Nature of the Child*, Basic Books Inc., New York, 1984, 309 p.

KORZYBSKI, Alfred, *Science and Sanity*, 4e édition, Institute of General Semantics, Lakefield, Conn., 1958, 806 p.

LANGEVIN, Claude, *Le Langage de votre enfant*, Éditions de l'Homme, Montréal, Presses de l'Université Laval, Québec, 1970, 160 p.

LOBROT, Michel, *Les Troubles de la langue écrite et remèdes*, Éditions ESF, Paris, 1980, 215 p.

MILLER, George A., et Patricia M. GILDEA, «How Children Learn Words», *Scientific American*, vol. 257, n° 3, septembre 1987, pp. 94-99.

MUCCHIELLI, Roger, et Arlette MUCCHIELLI-BOURCIER, *La Dyslexie, maladie du siècle*, Éditions ESF, Paris, 1984, 173 p.

SCHONING, Frances, *Les Troubles d'apprentissage — Guide de l'éducateur*, Les Presses de l'U.Q.A.M., Montréal, 1975, 135 p.

SIMPSON, Eileen, *Reversals — A Personal Account of Victory over Dyslexia*, Washington Square Press, New York, 1979, 263 p.

SMITH, Frank, traduit et adapté par Alain Vézina, *La Compréhension et l'apprentissage*, Holt/Rinehart/Winston, Montréal, 1979, 279 p.

SMITH, Sally L., *No Easy Answers — The Learning Disabled Child*, Bantam Books, Cambridge Mass., 1979, 326 p.

TINKER, Miles A., *Preparing your Child for Reading*, Holt/Rinehart/Winston, New York, 1971, 182 p.

VELLUTINO, Frank. R., «Dyslexia», *Scientific American*, vol. 256, n° 3, mars 1987 pp. 34-41.

WHARIN, Cécile, *Dyslexie... que faire?*, Delachaux Niestlé, Lausanne-Paris, 1979, 96 p.

Table des matières

Ouvrages parus chez les éditeurs du groupe Sogides

* Pour l'Amérique du Nord seulement
** Pour l'Europe seulement
Sans * pour l'Europe et l'Amérique du Nord

LES ÉDITIONS DE
L'HOMME

ANIMAUX

* **Art du dressage, L',** Chartier Gilles
Bien nourrir son chat, D'Orangeville Christianz
Cheval, Le, Leblanc Michel
Chien dans votre vie, Le, Swan Marguerite
Éducation du chien de 0 à 6 mois, L', DeBuyser Dr Colette et Dr Dehasse Joël
Encyclopédie des oiseaux, Godfrey W. Earl
Guide de l'oiseau de compagnie, Le, Dr R. Dean Axelson
Mammifère de mon pays,, Duchesnay St-Denis J. et Dumais Rolland
* **Mon chat, le soigner, le guérir,** D'Orangeville Christian
Observations sur les mammifères, Provencher Paul
Papillons du Québec, Les,Veilleux Christian et PrévostBernard
Petite ferme, T.1,
Les animaux, Trait Jean-Claude

Vous et vos petits rongeurs, Eylat Martin
Vous et vos poissons d'aquarium, Ganiel Sonia
Vous et votre berger allemand, Eylat Martin
Vous et votre boxer, Herriot Sylvain
Vous et votre caniche, Shira Sav
Vous et votre chat de gouttière, Gadi Sol
Vous et votre chow-chow, Pierre Boistel
Vous et votre collie, Ethier Léon
Vous et votre doberman, Denis Paula
Vous et votre fox-terrier, Eylat Martin
Vous et votre husky, Eylat Marti
Vous et vos oiseaux de compagnie, Huard-Viau Jacqueline
Vous et votre schnauzer, Eylat Martin
Vous et votre setter anglais, Eylat Martin
Vous et votre siamois, Eylat Odette
Vous et votre teckel, Boistel Pierre
Vous et votre yorkshire, Larochelle Sandra

ARTISANAT/ARTS MÉNAGERS

Appareils électro-ménagers, Prentice-Hall du Canada
* **Art du pliage du papier,** Harbin Robert
Artisanat québécois, T.1, Simard Cyril

Artisanat québécois, T.2, Simard Cyril
Artisanat québécois, T.3, Simard Cyril
Artisanat québécois, T.4, Simard Cyril, Bouchard Jean-Louis

Bon Fignolage, Le, Arvisais Dolorès A.
Coffret artisanat, Simard Cyril
* **Construire des cabanes d'oiseaux,** Dion André
Construire sa maison en bois rustique, Mann D.
   et Skinulis R.
Crochet Jacquard, Le, Thérien Brigitte
Cuir, Le, Saint-Hilaire Louis et Vogt Walter
Dentelle, T.1, La, De Seve Andrée-Anne
Dentelle, T.2, La, De Seve Andrée-Anne
Dessiner et aménager son terrain, Prentice-Hall du Canada
Encyclopédie de la maison québécoise, Lessard Michel
Encyclopédie des antiquités, Lessard Michel
Entretien et réparation de la maison, Prentice-Hall du
   Canada

Guide du chauffage au bois, Flager Gordon
J'apprends à dessiner, Nassh Joanna
Je décore avec des fleurs, Bassili Mimi
J'isole mieux, Eakes Jon
Mécanique de mon auto, La, Time-Life
Outils manuels, Les, Prentice Hall du Canada
Petits appareils électriques, Prentice-Hall du Canada
Piscines, Barbecues et patio
Taxidermie, La, Labrie Jean
Terre cuite, Fortier Robert
Tissage, Le, Grisé-Allard Jeanne et Galarneau Germaine
Tout sur le macramé, Harvey Virginia L.
Trucs ménagers, Godin Lucille
Vitrail, Le, Bettinger Claude

ART CULINAIRE

À table avec soeur Angèle, Soeur Angèle
Art d'apprêter les restes, L', Lapointe Suzanne
Art de la cuisine chinoise, L', Chan Stella
Art de la table, L', Du Coffre Marguerite
Barbecue, Le, Dard Patrice
Bien manger à bon compte, Gauvin Jocelyne
Boîte à lunch, La, Lambert Lagacé Louise
Brunches & petits déjeuners en fête, Bergeron Yolande
100 recettes de pain faciles à réaliser, Saint-Pierre
   Angéline
Cheddar, Le, Clubb Angela
Cocktails & punchs au vin, Poister John
Cocktails de Jacques Normand, Normand Jacques
Coffret la cuisine
Confitures, Les, Godard Misette
Congélation de A à Z, La, Hood Joan
Congélation des aliments, Lapointe Suzanne
Conserves, Les, Sansregret Berthe
Cornichons, Ketchups et Marinades, Chesman Andrea
Cuisine au wok, Solomon Charmaine
Cuisine aux micro-ondes 1 et 2 portions, Marchand
   Marie-Paul
Cuisine chinoise, La, Gervais Lizette
* **Cuisine chinoise traditionnelle, La,** Chen Jean
* **Cuisine créative Campbell, La,** Cie Campbell
Cuisine de Pol Martin, Martin Pol
* **Cuisine du monde entier avec Weight Watchers,**
   Weight Watchers
Cuisine facile aux micro-ondes, Saint-Amour Pauline
Cuisine joyeuse de soeur Angèle, La, Soeur Angèle
Cuisine micro-ondes, La, Benoît Jehane
Cuisine santé pour les aînés, Hunter Denyse

Cuisiner avec le four à convection, Benoît Jehane
Cuisinez selon le régime Scarsdale, Corlin Judith
Cuisinier chasseur, Le, Hugueney Gérard
Entrées chaudes et froides, Dard Patrice
Faire son pain soi-même, Murray Gill Janice
Faire son vin soi-même, Beaucage André
Fine cuisine aux micro-ondes, La, Dard Patrice
Fondues & flambées de maman Lapointe, Lapointe
   Suzanne
Fondues, Les, Dard Partice
Menus pour recevoir, Letellier Julien
Muffins, Les, Clubb Angela
Nouvelle cuisine micro-ondes, La, Marchand Marie-Paul et
   Grenier Nicole
Nouvelle cuisine micro-ondes II, La, Marchand
   Marie-Paul et Grenier Nicole
Pâtés à toutes les sauces, Les, Lapointe Lucette
Patés et galantines, Dard Patrice
Pâtisserie, La, Bellot Maurice-Marie
Poissons et fruits de mer, Dard Patrice
Poissons et fruits de mer, Sansregret Berthe
Recettes au blender, Huot Juliette
Recettes canadiennes de Laura Secord, Canadian Home
   Economics Association
Recettes de gibier, Lapointe Suzanne
Recettes de maman Lapointe, Les, Lapointe Suzanne
Recettes Molson, Beaulieu Marcel
Robot culinaire, le, Martin Pol
Salades des 4 saisons et leurs
vinaigrettes, Dard Patrice
Salades, sandwichs, hors d'oeuvre, Martin Pol
Soupes, potages et veloutés, Dard Patrice

BIOGRAPHIES POPULAIRES

Daniel Johnson, T.1, Godin Pierre
Daniel Johnson, T.2, Godin Pierre
Daniel Johnson - Coffret, Godin Pierre
Dans la fosse aux lions, Chrétien Jean
* **Dans la tempête,** Lachance Micheline
Duplessis, T.1 - L'ascension, Black Conrad
Duplessis, T.2 - Le pouvoir, Black Conrad
Duplessis - Coffret, Black Conrad
Dynastie des Bronfman, La, Newman Peter C.

Establishment canadien, L', Newman Peter C.
* **Maître de l'orchestre, Le,** Nicholson Georges
Maurice Richard, Pellerin Jean
Mulroney, Macdonald L.I.
Nouveaux Riches, Les, Newman Peter C.
Prince de l'Église, Le, Lachance Micheline
Saga des Molson, La, Woods Shirley
* **Une femme au sommet - Son excellence Jeanne Sauvé,** Woods Shirley E.

DIÉTÉTIQUE

Combler ses besoins en calcium, Hunter Denyse
Contrôlez votre poids, Ostiguy Dr Jean-Paul
* **Cuisine sage,** Lambert-Lagacé Louise
* **Diète rotation, La,** Katahn Dr Martin
Diététique dans la vie quotidienne, Lambert-Lagacé Louise
Livre des vitamines, Le, Mervyn Leonard
* **Maigrir en santé,** Hunter Denyse
* **Menu de santé,** Lambert-Lagacé Louise
Oubliez vos allergies, et... bon appétit, Association de l'information sur les allergies

Petite & grande cuisine végétarienne, Bédard Manon
* **Plan d'attaque Weight Watchers, Le,** Nidetch Jean
Plan d'attaque plus Weight Watchers, Le, Nidetch Jean
Recettes pour aider à maigrir, Ostiguy Dr Jean-Paul
* **Régimes pour maigrir,** Beaudoin Marie-Josée
Sage bouffe de 2 à 6 ans, La, Lambert-Lagacé Louise
Weight Watchers - cuisine rapide et savoureuse, Weight Watchers
Weight Watchers-Agenda 85 -Français, Weight Watchers
Weight Watchers-Agenda 85 -Anglais, Weight Watchers

DIVERS

* **Acheter ou vendre sa maison,** Brisebois Lucille
* **Acheter et vendre sa maison ou son condominium,** Brisebois Lucille
* **Acheter une franchise,** Levasseur Pierre
* **Bourse, La,** Brown Mark
* **Chaînes stéréophoniques, Les,** Poirier Gilles
* **Choix de carrières, T.1,** Milot Guy
* **Choix de carrières, T.2,** Milot Guy
* **Choix de carrières, T.3,** Milot Guy
* **Comment rédiger son curriculum vitae,** Brazeau Julie
* **Comprendre le marketing,** Levasseur Pierre
Conseils aux inventeurs, Robic Raymond
* **Devenir exportateur,** Levasseur Pierre
* **Dictionnaire économique et financier,** Lafond Eugène
* **Faire son testament soi-même,** Me Poirier Gérald, Lescault Nadeau Martine (notaire)
* **Faites fructifier votre argent,** Zimmer Henri B.
Finances, Les, Hutzler Laurie H.
* **Gérer ses ressources humaines,** Levasseur Pierre
* **Gestionnaire, Le,** Colwell Marian
* **Guide de la haute-fidélité, Le,** Prin Michel
* **Je cherche un emploi,** Brazeau Julie
* **Lancer son entreprise,** Levasseur Pierre
Leadership, Le, Cribbin, James J.

Livre de l'étiquette, Le, Du Coffre Marguerite
* **Loi et vos droits, La,** Marchand Me Paul-Émile
Meeting, Le, Holland Gary
Mémo, Le, Reimold Cheryl
Notre mariage (étiquette et planification), Du Coffre, Marguerite
Patron, Le, Reimold Cheryl
Relations publiques, Les, Doin Richard, Lamarre Daniel
* **Règles d'or de la vente, Les,** Kahn George N.
* **Roulez sans vous faire rouler, T.3,** Edmonston Philippe
Savoir vivre aujourd'hui, Fortin Jacques Marcelle
Séjour dans les auberges du Québec, Cazelais Normand et Coulon Jacques
Stratégies de placements, Nadeau Nicole
Temps des fêtes au Québec, Le, Montpetit Raymond
Tenir maison, Gaudet-Smet Françoise
* **Tout ce que vous devez savoir sur le condominium,** Dubois Robert
Univers de l'astronomie, L', Tocquet Robert
Vente, La, Hopkins Tom
* **Votre argent,** Dubois Robert
Votre système vidéo, Boisvert Michel et Lafrance André A.
* **Week-end à New York,** Tavernier-Cartier Lise

3

ENFANCE

* **Aider son enfant en maternelle,** Pedneault-Pontbriand Louise
* **Aider votre enfant à lire et à écrire,** Doyon-Richard Louise
* **Alimentation futures mamans,** Gougeon Réjeanne et Sekely Trude
* **Années clés de mon enfant, Les,** Caplan Frank et Theresa
* **Art de l'allaitement maternel, L',** Ligue internationale La Leche
* **Autorité des parents dans la famille,** Rosemond John K.
* **Avoir des enfants après 35 ans,** Robert Isabelle
* **Bientôt maman,** Whalley J., Simkin P. et Keppler A.
* **Comment amuser nos enfants,** Stanké Louis
* **Comment nourrir son enfant,** Lambert-Lagacé Louise
* **Deuxième année de mon enfant, La,** Caplan Frank et Theresa
* **Développement psychomoteur du bébé,** Calvet Didier
* **Douze premiers mois de mon enfant, Les,** Caplan Frank
* **En attendant notre enfant,** Pratte-Marchessault Yvette
* **Encyclopédie de la santé de l'enfant** Feinbloom Richard
* **Enfant stressé, L',** Elkind David
* **Enfant unique, L',** Peck Ellen
* **Évoluer avec ses enfants,** Gagné Pierre Paul
* **Femme enceinte, La,** Bradley Robert A.
* **Fille ou garçon,** Langendoen Sally et Proctor William
* **Frères-soeurs,** Mcdermott Dr. John F. Jr.

* **Futur Père,** Pratte-Marchessault Yvette
* **Jouons avec les lettres,** Doyon-Richard Louise
* **Langage de votre enfant, Le,** Langevin Claude
* **Maman et son nouveau-né, La,** Sekely Trude
* **Manuel Johnson et Johnson des premiers soins, Le,** Dr Rosenberg Stephen N.
* **Massage des bébés, Le,** Auckette Amédia D.
* **Merveilleuse histoire de la naissance, La,** Gendron Dr Lionel
* **Mon enfant naîtra-t-il en bonne santé?** Scher Jonathan et Dix Carol
* **Pour bébé, le sein ou le biberon?** Pratte-Marchessault Yvette
* **Pour vous future maman,** Sekely Trude
* **Préparez votre enfant à l'école,** Doyon-Richard Louise
* **Psychologie de l'enfant,** Cholette-Pérusse Françoise
* **Respirations et positions d'accouchement,** Dussault Joanne
* **Soins de la première année de bébé,** Kelly Paula
* **Tout se joue avant la maternelle,** Ibuka Masaru
* **Un enfant naît dans la chambre de naissance,** Fortin Nolin Louise
* **Viens jouer,** Villeneuve Michel José
* **Vivez sereinement votre maternité,** Vellay Dr Pierre
* **Vivre une grossesse sans risque,** Fried Dr Peter A.

ÉSOTÉRISME

Coffret - Passé - Présent - Avenir
Graphologie, La, Santoy Claude
Hypnotisme, L', Manolesco Jean
Lire dans les lignes de la main, Morin Michel

Prévisions astrologiques 1985, Hirsig Huguette
Vos rêves sont des miroirs, Cayla Henri
* **Votre avenir par les cartes,** Stanké Louis

HISTOIRE

Arrivants, Les, Collectif

* **Civilisation chinoise, La,** Guay Michel

INFORMATIQUE

* **Découvrir son ordinateur personnel,** Faguy François

Guide d'achat des micro-ordinateurs, Le, Blanc Pierre
Informatique, L', Cone E. Paul

PHOTOGRAPHIE (ÉQUIPEMENT ET TECHNIQUE)

* Apprenez la photographie avec Antoine Desilets,
  Desilets Antoine
Chasse photographique, Coiteux Louis
8/Super 8/16, Lafrance André
Initiation à la Photographie, London Barbara
Initiation à la Photographie-Canon, London Barbara
Initiation à la Photographie-Minolta, London Barbara
Initiation à la Photographie-Nikon, London
  Barbara

Initiation à la Photographie-Olympus, London
  Barbara
Initiation à la Photographie-Pentax, London
  Barbara
* Je développe mes photos, Desilets Antoine
* Je prends des photos, Desilets Antoine
* Photo à la portée de tous, Desilets Antoine
Photo guide, Desilets Antoine

PSYCHOLOGIE

Âge démasqué, L', De Ravinel Hubert
* Aider mon patron à m'aider, Houde Eugène
* Amour de l'exigence à la préférence, Auger Lucien
Au-delà de l'intelligence humaine, Pouliot Élise
Auto-développement, L', Garneau Jean
Bonheur au travail, Le, Houde Eugène
Bonheur possible, Le, Blondin Robert
Chimie de l'amour, La, Liebowitz Michael
Coeur à l'ouvrage, Le, Lefebvre Gérald
Coffret psychologie moderne Colère, La, Tavris Carol
* Comment animer un groupe, Office Catéchèsse
* Comment avoir des enfants heureux, Azerrad Jacob
* Comment déborder d'énergie, Simard Jean-Paul
Comment vaincre la gêne, Catta Rene-Salvator
* Communication dans le couple, La, Granger Luc
* Communication et épanouissement personnel,
  Auger Lucien
Comprendre la névrose et aider les névrosés, Ellis Albert
* Contact, Zunin Nathalie
* Courage de vivre, Le, Kiev Docteur A.
Courage et discipline au travail, Houde Eugène
Dynamique des groupes, Aubry J.-M. et Saint-Arnaud Y.
Élever des enfants sans perdre la boule, Auger Lucien
* Émotivité et efficacité au travail, Houde Eugène
Enfant paraît... et le couple demeure, L', Dorman Marsha
  et Klein Diane
Enfants de l'autre, Les, Paris Erna
* Être soi-même, Corkille Briggs D.
* Facteur chance, Le, Gunther Max
* Fantasmes créateurs, Les, Singer Jérôme
Infidélité, L', Leigh Wendy
Intuition, L', Goldberg Philip
* J'aime, Saint-Arnaud Yves
Journal intime intensif, Progoff Ira
Miracle de l'amour, Un, Kaufman Barry Neil

* Mise en forme psychologique, Corrière Richard
* Parle-moi... J'ai des choses à te dire, Salome Jacques
Penser heureux, Auger Lucien
* Personne humaine, La, Saint-Arnaud Yves
* Plaisirs du stress, Les, Hanson Dr Peter G.
* Première impression, La, Kleinke Chris, L.
Prévenir et surmonter la déprime, Auger Lucien
* Prévoir les belles années de la retraite, D. Gordon Michael
* Psychologie dans la vie quotidienne, Blank Dr Léonard
* Psychologie de l'amour romantique, Braden Docteur N.
* Qui es-tu grand-mère? Et toi grand-père? Eylat Odette
* S'affirmer et communiquer, Beaudry Madeleine
* S'aider soi-même, Auger Lucien
* S'aider soi-même d'avantage, Auger Lucien
* S'aimer pour la vie, Wanderer Dr Zev
* Savoir organiser, savoir décider, Lefebvre Gérald
* Savoir relaxer et combattre le stress, Jacobson Dr Edmund
* Se changer, Mahoney Michael
* Se comprendre soi-même par des tests, Collectif
* Se concentrer pour être heureux, Simard Jean-Paul
Se connaître soi-même, Artaud Gérard
* Se contrôler par le biofeedback, Ligonde Paultre
* Se créer par la Gestalt, Zinker Joseph
* S'entraider, Limoges Jacques
* Se guérir de la sottise, Auger Lucien
Séparation du couple, La, Weiss Robert S.
Sexualité au bureau, La, Horn Patrice
Syndrome prémenstruel, Le, Shreeve Dr Caroline
* Vaincre ses peurs, Auger Lucien
Vivre à deux: plaisir ou cauchemar, Duval Jean-Marie
* Vivre avec sa tête ou avec son coeur, Auger Lucien
Vivre c'est vendre, Chaput Jean-Marc
* Vivre jeune, Waldo Myra
* Vouloir c'est pouvoir, Hull Raymond

5

JARDINAGE

Culture des fleurs, des fruits, Prentice-Hall du Canada
Encyclopédie du jardinier, Perron W.H.
Guide complet du jardinage, Wilson Charles
J'aime les violettes africaines, Davidson Robert

Petite ferme, T. 2 - Jardin potager, Trait Jean-Claude
Plantes d'intérieur, Les, Pouliot Paul
Techniques du jardinage, Les, Pouliot Paul
* Terrariums, Les, Kayatta Ken

JEUX/DIVERTISSEMENTS

Améliorons notre bridge, Durand Charles
* Bridge, Le, Beaulieu Viviane
Clés du scrabble, Les, Sigal Pierre A.
Collectionner les timbres, Taschereau Yves
* Dictionnaire des mots croisés, noms communs, Lasnier
Paul
* Dictionnaire des mots croisés, noms propres, Piquette
Robert

* Dictionnaire raisonné des mots croisés, Charron
Jacqueline
Finales aux échecs, Les, Santoy Claude
Jeux de société, Stanké Louis
* Jouons ensemble, Provost Pierre
Livre des patiences, Le, Bezanovska M. et Kitchevats P.
* Ouverture aux échecs, Coudari Camille
Scrabble, Le, Gallez Daniel
Techniques du billard, Morin Pierre

LINGUISTIQUE

* Anglais par la méthode choc, L', Morgan Jean-Louis
* J'apprends l'anglais, Silicani Gino

Petit dictionnaire du joual, Turenne Auguste
Secrétaire bilingue, La, Lebel Wilfrid

LIVRES PRATIQUES

Bonnes idées de maman Lapointe, Les, Lapointe Lucette *
Chasse-taches, Le, Cassimatis Jack
* Maîtriser son doigté sur un clavier, Lemire Jean-Paul

Se protéger contre le vol, Kabundi Marcel et Normandeau
André
Temps c'est de l'argent, Le, Davenport Rita

MUSIQUE ET CINÉMA

* Guitare, La, Collins Peter
Piano sans professeur, Le, Evans Roger

Wolfgang Amadeus Mozart raconté en 50 chefs-d'oeuvre,
Roussel Paul

NOTRE TRADITION

Coffret notre tradition Écoles de rang au Québec, Les,
Dorion Jacques
Encyclopédie du Québec, T.1, Landry Louis
Encyclopédie du Québec, T.2, Landry Louis
Histoire de la chanson québécoise, L'Herbier Benoît
Maison traditionnelle, La, Lessard Micheline

Moulins à eau de la vallée du Saint-Laurent, Adam
Villeneuve
Objets familiers de nos ancêtres, Genet Nicole
* Sculpture ancienne au Québec, La, Porter John R. et Bélisle
Jean
Vive la compagnie, Daigneault Pierre

ROMANS/ESSAIS

Adieu Québec, Bruneau André
Baie d'Hudson, La, Newman Peter C.
Bien-pensants, Les, Berton Pierre
Bousille et les justes, Gélinas Gratien
Coffret Joey
C.P., Susan Goldenberg
Commettants de Caridad, Les, Thériault Yves
Deux Innocents en Chine Rouge, Hébert Jacques
Dome, Jim Lyon
* **Frères divorcés, Les,** Godin Pierre
IBM, Sobel Robert
Insolences du Frère Untel, Les, Untel Frère
ITT, Sobel Robert
J'parle tout seul, Coderre Emile

Lamia, Thyraud de Vosjoli P.L.
Mensonge amoureux, Le, Blondin Robert
Nadia, Aubin Benoît
Oui, Lévesque René
Premiers sur la lune, Armstrong Neil
* **Sur les ailes du temps (Air Canada),** Smith Philip
Telle est ma position, Mulroney Brian
Terrosisme québécois, Le, Morf Gustave
* **Trois semaines dans le hall du Sénat,** Hébert Jacques
Un doux équilibre, King Annabelle
* **Un second souffle,** Hébert Diane
Vrai visage de Duplessis, Le, Laporte Pierre

SANTÉ ET ESTHÉTIQUE

Allergies, Les, Delorme Dr Pierre
Art de se maquiller, L', Moizé Alain
* **Bien vivre sa ménopause,** Gendron Dr Lionel
Cellulite, La, Ostiguy Dr Jean-Paul
Cellulite, La, Léonard Dr Gérard J.
Être belle pour la vie, Meredith Bronwen
Exercices pour les aînés, Godfrey Dr Charles, Feldman Michael
Face lifting par l'exercice, Le, Runge Senta Maria
Grandir en 100 exercises, Berthelet Pierre
Hystérectomie, L', Alix Suzanne
Médecine esthétique, La, Lanctot Guylaine
Obésité et cellulite, enfin la solution, Léonard Dr Gérard J.
Perdre son ventre en 30 jours H-F, Burstein Nancy et Matthews Roy
Santé, un capital à préserver, Peeters E.G.

Travailler devant un écran, Feeley Dr Helen
Coffret 30 jours
30 jours pour avoir de beaux cheveux, Davis Julie
30 jours pour avoir de beaux ongles, Bozic Patricia
30 jours pour avoir de beaux seins, Larkin Régina
30 jours pour avoir un beau teint, Zizmor Dr Jonathan
30 jours pour cesser de fumer, Holland Gary et Weiss Herman
30 jours pour mieux organiser, Holland Gary
30 jours pour perdre son ventre (homme), Matthews Roy, Burnstein Nancy
30 jours pour redevenir un couple amoureux, Nida Patricia K. et Cooney Kevin
30 jours pour un plus grand épanouissement sexuel, Schneider Alan et Laiken Deidre
* **Vos yeux,** Chartrand Marie et Lepage-Durand Micheline

SEXOLOGIE

Adolescente veut savoir, L', Gendron Lionel
Fais voir, Fleischhaner H.
Guide illustré du plaisir sexuel, Corey Dr Robert E.
Helg, Bender Erich F.
* **Ma sexualité de 0 à 6 ans,** Robert Jocelyne
* **Ma sexualité de 6 à 9 ans,** Robert Jocelyne
* **Ma sexualité de 9 à 12 ans,** Robert Jocelyne

Plaisir partagé, Le, Gary-Bishop Hélène
* **Première expérience sexuelle, La,** Gendron Lionel
* **Sexe au féminin, Le,** Kerr Carmen
* **Sexualité du jeune adolescent,** Gendron Lionel
* **Sexualité dynamique, La,** Lefort Dr Paul
* **Shiatsu et sensualité,** Rioux Yuki

le jour, éditeur

Lune de trop, Une, Gagnon Alphonse
Manifeste de l'Infonie, Duguay Raoul
Mouvement coopératif québécois, Deschêne Gaston
Obscénité et liberté, Hébert Jacques
Philosophie du pouvoir, Blais Martin
Pourquoi le bill 60, Gérin-Lajoie P.

Stratégie et organisation, Desforges Jean et Vianney C.
Trois jours en prison, Hébert Jacques
Vers un monde coopératif, Davidovic Georges
Vivre sur la terre, St-Pierre Hélène
Voyage à Terre-Neuve, De Gébineau comte

ENFANCE

Aidez votre enfant à choisir, Simon Dr Sydney B.
Deux caresses par jour, Minden Harold
Être mère, Bombeck Erma
Parents efficaces, Gordon Thomas

Parents gagnants, Nicholson Luree
Psychologie de l'adolescent, Pérusse-Cholette Françoise
1500 prénoms et significations, Grisé Allard J.

ÉSOTÉRISME

* Astrologie et la sexualité, L', Justason Barbara
Astrologie et vous, L', Boucher André-Pierre
* Astrologie pratique, L', Reinicke Wolfgang
Faire se carte du ciel, Filbey John
Grand livre de la cartomancie, Le, Von Lentner G.
* Grand livre des horoscopes chinois, Le, Lau Theodora
Graphologie, La, Cobbert Anne
* Horoscope et énergie psychique, Hamaker-Zondag
Horoscope chinois, Del Sol Paula

Lu dans les cartes, Jones Marthy
* Pendule et baguette, Kirchner Georg
* Pratique du tarot, La, Thierens E.
Preuves de l'astrologie, Comiré André
Qui êtes-vous? L'astrologie répond, Tiphaine
Synastrie, La, Thornton Penny Traité d'astrologie, Hirsig
    Huguette
Votre destin par les cartes, Dee Nerys

HISTOIRE

Administration en Nouvelle-France, L', Lanctot Gustave
Histoire de Rougemont, Bédard Suzanne
Lutte pour l'information, La, Godin Pierre
Mémoires politiques, Chaloult René
Rébellion de 1837, Saint-Eustache, Globensky Maximillien

Relations des Jésuites T.2
Relations des Jésuites T.3
Relations des Jésuites T.4
Relations des Jésuites T.5

JEUX/DIVERTISSEMENTS

Backgammon, Lesage Denis

LINGUISTIQUE

Des mots et des phrases, T. 1,, Dagenais Gérard
Des mots et des phrases, T. 2, Dagenais Gérard

Joual de Troie, Marcel Jean

NOTRE TRADITION

Ah mes aïeux, Hébert Jacques

Lettre à un Français qui veut émigrer au Québec, Dubuc Carl

OUVRAGES DE RÉFÉRENCE

Petit répertoire des excuses, Le, Charbonneau Christine et Caron Nelson

Règles d'or de la vente, Les, Kahn George N.

PSYCHOLOGIE

* **Adieu,** Halpern Dr Howard
  Adieu Tarzan, Frank Helen
* **Agressivité créatrice,** Bach Dr George
  Aimer, c'est choisir d'être heureux, Kaufman Barry Neil
  Aimer son prochain comme soi-même, Murphy Joseph
* **Anti-stress, L',** Eylat Odette
  Arrête! tu m'exaspères, Bach Dr George
  Art d'engager la conversation et de se faire des amis, L', Grabor Don
* **Art de convaincre, L',** Ryborz Heinz
* **Art d'être égoïste, L',** Kirschner Joseph
* **Au centre de soi,** Gendlin Dr Eugène
* **Auto-hypnose, L',** Le Cron M. Leslie
  Autre femme, L', Sevigny Hélène
  Bains Flottants, Les, Hutchison Michael
* **Bien dans sa peau grâce à la technique Alexander,** Stransky Judith
  Ces hommes qui ne communiquent pas, Naifeh S. et White S.G.
  Ces vérités vont changer votre vie, Murphy Joseph
  Chemin infaillible du succès, Le, Stone W. Clément
  Clefs de la confiance, Les, Gibb Dr Jack
  Comment aimer vivre seul, Shanon Lynn
* **Comment devenir des parents doués,** Lewis David
* **Comment dominer et influencer les autres,** Gabriel H.W.
  Comment s'arrêter de fumer, McFarland J. Wayne
  Comment vaincre la timidité en amour, Weber Éric
  Contacts en or avec votre clientèle, Sapin Gold Carol
* **Contrôle de soi par la relaxation,** Marcotte Claude
* **Couple homosexuel, Le,** McWhirter David P. et Mattison Andres M.
* **Devenir autonome,** St-Armand Yves
* **Dire oui à l'amour,** Buscaglia Léo
* **Ennemis intimes,** Bach Dr George
  États d'esprit, Glasser Dr William**Être efficace,** Hanot Marc
  Être homme, Goldberg Dr Herb
  Famille moderne et son avenir, La , Richar Lyn
  Gagner le match, Gallwey Timothy
  Gestalt, La, Polster Erving

  Guide du succès, Le, Hopkins Tom
  Harmonie, une poursuite du succès, L' Vincent Raymond
* **Homme au dessert, Un,** Friedman Sonya
  Homme en devenir, L', Houston Jean
* **Homme nouveau, L', Bodymind,** Dychtwald Ken
  Influence de la couleur, L', Wood Betty
* **Jouer le tout pour le tout,** Frederick Carl
  Maigrir sans obsession, Orback Suisie
  Maîtriser la douleur, Bogin Meg
  Maîtriser son destin, Kirschner Joseph
  Manifester son affection, Bach Dr George
* **Mémoire, La,** Loftus Elizabeth
* **Mémoire à tout âge, La,** Dereskey Ladislaus
* **Mère et fille,** Horwick Kathleen
* **Miracle de votre esprit,** Murphy Joseph
* **Négocier entre vaincre et convaincre,** Warschaw Dr Tessa
  Nouvelles Relations entre hommes et femmes, Goldberg Herb
* **On n'a rien pour rien,** Vincent Raymond
* **Oracle de votre subconscient, L,** Murphy Joseph
  Parapsychologie, La, Ryzl Milan
* **Parlez pour qu'on vous écoute,** Brien Micheline
* **Partenaires,** Bach Dr George
* **Pensée constructive et bon sens,** Vincent Dr Raymond
  Personnalité, La, Buscaglia Léo
  Personne n'est parfait, Weisinger Dr H.
  Pourquoi ne pleures-tu pas?, Yahraes Herbert, McKnew Donald H. Jr., Cytryn Leon
  Pourquoi remettre à plus tard? Burka Jane B. et Yuen L. M.
  Pouvoir de votre cerveau, Le, Brown Barbara
  Prospérité, La, Roy Maurice
* **Psy-jeux,** Masters Robert
* **Puissance de votre subconscient, La,** Murphy Dr Joseph
  Reconquête de soi, La, Paupst Dr James C.
* **Réfléchissez et devenez riche,** Hill Napoléon
* **Réussir,** Hanot Marc
  Rythmes de votre corps, Les, Weston Lee

S'aimer ou le défi des relations humaines,
   Buscaglia Léo *
Se vider dans la vie et au travail, Pines Ayala M.
* Secrets de la communication, Bandler Richard
Sous le masque du succès, Harvey Joan C. et Datz Cynthia *
* Succès par la pensée constructive, Le, Hill Napoléon
Technostress, Brod Craig
* Thérapies au féminin, Les, Brunel Dominique
Tout ce qu'il y a de mieux, Vincent Raymond
Triomphez de vous-même et des autres, Murphy Dr Joseph

Univers de mon subsconscient, L', Dr Ray Vincent
Vaincre la dépression par la
volonté et l'action, Marcotte Claude
Vers le succès, Kassoria Dr Irène C.
Vieillir en beauté, Oberleder Muriel
Vivre avec les imperfections de l'autre, Janda Dr Louis H.
* Vivre c'est vendre, Chaput Jean-Marc
* Vivre heureux avec le strict nécessaire, Kirschner Josef
Votre perception extra sensorielle, Milan Dr Ryzl
Votre talon d'Achille, Bloomfield Dr. Harold

ROMANS/ESSAIS

À la mort de mes 20 ans, Gagnon P.O.
Affrontement, L', Lamoureux Henri
Bois brûlé, Roux Jean-Louis
100 000e exemplaire, Le, Dufresne Jacques
C't'a ton tour Laura Cadieux, Tremblay Michel
Cité dans l'oeuf, La, Tremblay Michel
Coeur de la baleine bleue, Le Poulin Jacques
Coffret petit jour, Martucci Abbé Jean
Colin-Maillard, Hémon Louis
Contes pour buveurs attardés, Tremblay Michel
Contes érotiques indiens, Schwart Herbert
Crise d'octobre, Pelletier Gérard
Cyrille Vaillancourt, Lamarche Jacques
Desjardins Al., Homme au service, Lamarche Jacques
De Z à A, Losique Serge
Deux Millième étage, Le, CarrierRoch
D'Iberville, Pellerin Jean
Dragon d'eau, Le, Holland R.F.
Équilibre instable, L', Deniset Louis
Éternellement vôtre, Péloquin Claude
Femme d'aujourd'hui, La, Landsberg Michele
Femme de demain, Keeton Kathy
Femmes et politique, Cohen Yolande
Filles de joie et filles du roi, Lanctot Gustave
Floralie où es-tu, Carrier Roch

Fou, Le, Châtillon Pierre
Français langue du Québec, Le, Laurin Camille
Hommes forts du Québec, Weider Ben
Il est par là le soleil, Carrier Roch
J'ai le goût de vivre, Delisle Isabelle
J'avais oublié que l'amour, Doré-Joyal Yves
Jean-Paul ou les hasards de la vie, Bellier Marcel
Johnny Bungalow, Villeneuve Paul
Jolis Deuils, Carrier Roch
Lettres d'amour, Champagne Maurice
Louis Riel patriote, Bowsfield Hartwell
Louis Riel un homme à pendre, Osier E.B.
Ma chienne de vie, Labrosse Jean-Guy
Marche du bonheur, La, Gilbert Normand
Mémoires d'un Esquimau, Metayer Maurice
Mon cheval pour un royaume, Poulin J.
Neige et le feu, La, Baillargeon Pierre
N'Tsuk, Thériault Yves
Opération Orchidée, Villon Christiane
Orphelin esclave de notre monde, Labrosse Jean
Oslovik fait la bombe, Oslovik
Parlez-moi d'humour, Hudon Normand
Scandale est nécessaire, Le, Baillargeon Pierre
Vivre en amour, Delisle Lapierre

SANTÉ

Alcool et la nutrition, L', Brunet Jean-Marc
Bruit et la santé, Le, Brunet Jean-Marc
Chaleur peut vous guérir, La, Brunet Jean-Marc
Échec au vieillissement prématuré, Blais J.
Greffe des cheveux vivants, Guy Dr
Guérir votre foie, Jean-Marc Brunet
Information santé, Brunet Jean-Marc
Magie en médecine, Sylva Raymond
Maigrir naturellement, Lauzon Jean-Luc

Mort lente par le sucre, Duruisseau Jean-Paul
40 ans, âge d'or, Taylor Eric
Recettes naturistes pour arthritiques et rhumatisants,
   Cuillerier Luc
Santé de l'arthritique et du rhumatisant, Labelle Yvan
* Tao de longue vie, Le, Soo Chee
Vaincre l'insomnie, Filion Michel,Boisvert Jean-Marie,
   Melanson Danielle
Vos aliments sont empoisonnés, Leduc Paul

12

Quinze

ROMANS/ESSAIS/THÉÂTRE

13

Beaulieu Michel,
   Je tourne en rond mais c'est autour de toi
   La représentation
   Sylvie Stone
Bilodeau Camille,
   Une ombre derrière le coeur
Blais Marie-Claire,
   L'océan suivi de Murmures
   Une liaison parisienne
Bosco Monique,
   Charles Lévy M.S.
   Schabbat
Bouchard Claude,
   La mort après la mort
Brodeur Hélène,
   Entre l'aube et le jour
Brossard Nicole,
   Armantes
   French Kiss
   Sold Out
   Un livre
Brouillet Chrystine,
   Chère voisine
   Coup de foudre
Callaghan Barry,
   Les livres de Hogg
Cayla Henri,
   Le pan-cul
Dahan Andrée,
   Le printemps peut attendre
De Lamirande Claire,
   Le grand élixir
Dubé Danielle,
   Les olives noires
Dessureault Guy,
   La maîtresse d'école
Dropaôtt Papartchou,
   Salut Bonhomme
Doerkson Margaret, Jazzy
Dubé Marcel,
   Un simple soldat
Dussault Jean,
   Le corps vêtu de mots
   Essai sur l'hindouisme
   L'orbe du désir
   Pour une civilisation du plaisir
Engel Marian,
   L'ours
Fontaine Rachel,
   Black Magic
Forest Jean,
   L'aube de Suse
   Le mur de Berlin P.Q.
   Nourrice!... Nourrice!...
Garneau Jacques,
   Difficiles lettres d'amour

Gélinas Gratien,
   Bousille et les justes
   Fridolinades, T.1 (1945-1946)
   Fridolinades, T.2 (1943-1944)
   Fridolinades, T.3 (1941-1942)
   Ti-Coq
Gendron Marc,
   Jérémie ou le Bal des pupilles
Gevry Gérard,
   L'homme sous vos pieds
   L'été sans retour
Godbout Jacques,
   Le réformiste
Harel Jean-Pierre,
   Silences à voix haute
Hébert François,
   Holyoke
   Le rendez-vous
Hébert Louis-Philippe,
   La manufacture de machines
   Manuscrit trouvé dans une valise
Hogue Jacqueline,
   Aube
Huot Cécile,
   Entretiens avec Omer
   Létourneau
Jasmin Claude,
   Et puis tout est silence
Laberge Albert,
   La scouine
Lafrenière Joseph,
   Carolie printemps
   L'après-guerre de l'amour
Lalonde Robert,
   La belle épouvante
Lamarche Claude,
   Confessions d'un enfant d'un demi-siècle
   Je me veux
Lapierre René,
   Hubert Aquin
Larche Marcel,
   So Uk
Larose Jean,
   Le mythe de Nelligan
Latour Chrystine,
   La dernière chaîne
   Le mauvais frère
   Le triangle brisé
   Tout le portrait de sa mère
Lavigne Nicole,
   Le grand rêve de madame Wagner
Lavoie Gaëtan,
   Le mensonge de Maillard
Leblanc Louise,
   Pop Corn
   37 1/2AA

14

Marchessault Jovette,
La mère des herbes
Marcotte Gilles,
La littérature et le reste
Marteau Robert,
Entre temps
Martel Émile,
Les gants jetés
Martel Pierre,
Y'a pas de métro à Gélude-
La-Roche
Monette Madeleine,
Le double suspect
Petites violences
Monfils Nadine,
Laura Colombe, contes
La velue
Ouellette Fernand,
La mort vive
Tu regardais intensément Geneviève
Paquin Carole,
Une esclave bien payée
Paré Paul,
L'improbable autopsie
Pavel Thomas,
Le miroir persan
Poupart Jean-Marie,
Bourru mouillé
Robert Suzanne,
Les trois soeurs de personneVulpera
Robertson Heat,
Beauté tragique

Ross Rolande,
Le long des paupières brunes
Roy Gabrielle,
Fragiles lumières de la terre
Saint-Georges Gérard,
1, place du Québec Paris VIe
Sansfaçon Jean-Robert,
Loft Story
Saurel Pierre,
IXE-13
Savoie Roger,
Le philosophe chat
Svirsky Grigori,
Tragédie polaire, nouvelles
Szucsany Désirée,
La passe
Thériault Yves,
Aaron
Agaguk
Le dompteur d'ours
La fille laide
Les vendeurs du temple
Turgeon Pierre,
Faire sa mort comme faire l'amour
La première personne
Prochainement sur cet écran
Un, deux, trois
Trudel Sylvain,
Le souffle de l'Harmattan
Vigneault Réjean,
Baby-boomers

COLLECTIFS DE NOUVELLES

Fuites et poursuites
Dix contes et nouvelles fantastiques
Dix nouvelles humoristiques

Dix nouvelles de science-fiction québécoise
Aimer
Crever l'écran

LIVRES DE POCHES 10/10

Aquin Hubert,
Blocs erratiques
Brouillet Chrystine,
Chère voisine
Dubé Marcel,
Un simple soldat
Gélinas Gratien,
Bousille et les justes
Ti-Coq
Harvey Jean-Charles,
Les demi-civilisés

Laberge Albert,
La scouine
Thériault Yves,
Aaron
Agaguk
Cul-de-sac
La fille laide
Le dernier havre
Le temps du carcajou
Tayaout

15

Turgeon Pierre,
 Faire sa mort comme faire l'amour
 La première personne

NOTRE TRADITION

Aucoin Gérard,
 L'oiseau de la vérité
Bergeron Bertrand,
 Les barbes-bleues
Deschênes Donald,
 C'était la plus jolie des filles
Desjardins Philémon et Gilles Lamontagne,
 Le corbeau du mont de la Jeunesse
Dupont Jean-Claude,
 Contes de bûcherons

Gauthier Chassé Hélène,
 À diable-vent
Laforte Conrad,
 Menteries drôles et merveilleuse
Légaré Clément,
 La bête à sept têtes
 Pierre La Fève

DIVERS

A.S.D.E.Q.,
 Québec et ses partenaires
 Qui décide au Québec?
Bailey Arthur,
 Pour une économie du bon sens
Bergeron Gérard,
 Indépendance oui mais
Bowering George,
 En eaux trouble
Boissonnault Pierre,
 L'hybride abattu
Collectif Clio,
 L'histoire des femmes au Québec
Clavel Maurice,
 Dieu est Dieu nom de Dieu
Centre des dirigeants d'entreprise,
 Relations du travail
Creighton Donald,
 Canada - Les débuts
 héroïques
De Lamirande Claire,
 Papineau
Dupont Pierre,
 15 novembre 76
Dupont Pierre et Gisèle Tremblay,
 Les syndicats en crise
Fontaine Mario
 Tout sur les p'tits journaux z'artistiques
Gagnon G., A. Sicotte et G. Bourrassa,
 Tant que le monde s'ouvrira
Gamma groupe,

 La société de conservation
Garfinkel Bernie,
 Liv Ullmann Ingmar Bergman
Genuist Paul,
 La faillite du Canada anglais
Haley Louise,
 Le ciel de mon pays, T.1
 Le ciel de mon pays, T.2
Harbron John D.,
 Le Québec sans le Canada
Hébert Jacques et Maurice F. Strong,
 Le grand branle-bas
Matte René,
 Nouveau Canada à notre mesure
Monnet François-Mario,
 Le défi québécois
Mosher Terry-Ailsin,
 L'humour d'Aislin
Pichette Jean,
 Guide raisonné des jurons
Powell Robert,
 L'esprit libre
Roy Jean,
 Montréal ville d'avenir
Sanger Clyde,
 Sauver le monde
Schirm François,
 Personne ne voudra savoir
Therrien Paul,
 Les mémoires de J.E.Bernier

Achevé Imprimerie
d'imprimer Gagné Ltée
au Canada Louiseville